4° Y² 1639

Bibliothèque
des
Écoles
et des
Familles

J.-R. WYSS

LE ROBINSON
SUISSE

Hachette et Cie

LE
ROBINSON SUISSE

C'ÉTAIT À QUI SE SAUVERAIT LE PREMIER.

BIBLIOTHÈQUE DES ÉCOLES ET DES FAMILLES

J.-R. WYSS

LE
ROBINSON SUISSE

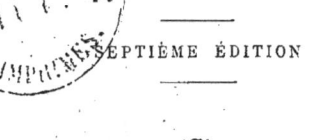

SEPTIÈME ÉDITION

PARIS
LIBRAIRIE HACHETTE ET Cie
79, BOULEVARD SAINT-GERMAIN, 79

1895

Tous droits réservés.

LE ROBINSON
SUISSE

CHAPITRE PREMIER

D'épais nuages noirs obscurcissaient le ciel. La mer était furieuse, les éléments déchaînés imprimaient des secousses terribles au navire. M. Arnold, un pasteur suisse qui émigrait, se trouvait à bord du bâtiment avec les siens. La famille se composait du père, de la mère et de quatre enfants en bas âge. Devant le danger, qui croissait de minute en minute, tous se pressaient effrayés autour du père, qui cherchait vainement à les rassurer. Une secousse plus violente que les autres fut tout à coup suivie d'un tumulte indescriptible. Les mâts brisés s'effondrèrent; il y eut un grand craquement suivi de cris d'angoisse; puis on entendit le bruit des ballots, des tonnes, des barils, que le capitaine faisait jeter par-dessus bord pour alléger le navire. La situation était désespérée, le naufrage imminent; on entendait à la fois des prières et des blasphèmes; c'était, parmi l'équipage, un désordre indéfinissable. Le pont fut envahi et converti en chantier. On ne songea plus à sauver le navire; on chercha seulement à organiser des moyens de sauvetage en vue d'un sinistre prochain et inévitable. Un instant, néanmoins, les voyageurs reprirent courage. Des côtes apparaissaient dans le lointain. Mais la vision fut de courte durée. Le navire, privé de sa mâture et lancé au hasard, errait, ballotté par les grandes lames furieuses qui menaçaient à tout moment de le submerger. On eut un dernier espoir : des voix confuses dominèrent le bruit de la tempête ; on entendit crier : « Terre ! terre ! » Puis ce fut un vacarme affreux, un tohu-bohu de gens qui se pressaient pour voir, au risque de s'étouffer. Mais, au même instant, le navire s'échoua, entr'ouvert par un obstacle invisible ! L'eau pénétrait de toutes parts ; on lança précipitamment les chaloupes à la mer, et l'on descendit le radeau. Le désordre était à son comble : les passagers affolés se bousculaient ; c'était à qui se sauverait le premier et empièterait sur les chances de salut offertes au prochain ! Les gémissements des femmes, les cris déchirants des enfants à demi étouffés dans la bagarre venaient se confondre avec ceux des malheureux qu'un effort maladroit venait de précipiter dans la mer ; on entendait un concert de hurlements sauvages, un ensemble indescriptible de cris de terreur.

Le tableau était horrible ; le pasteur, debout sur le pont, tout pâle, assistait, terrifié, à l'embarquement des malheureux qui disputaient leur vie à la tempête. Voyant les siens prêts à se précipiter pour suivre leurs compagnons d'infortune, il les arrêta du geste et en disant :

« Restons ici, Dieu est le souverain maître. Le salut peut être ici sur cette épave comme là-bas sur ce radeau déjà prêt à sombrer. »

Comme il prononçait ces paroles, une vague gigantesque souleva le radeau et l'entraîna à une grande distance. Il ne fallait plus songer à fuir.

Le père, la mère, les quatre enfants demeurèrent seuls en face les uns des autres. Leur premier mouvement fut de s'embrasser. Ensuite ils portèrent leurs regards vers l'endroit où la côte venait d'apparaître.

« Voilà où il nous faut atteindre, » s'écria le pauvre ministre.

Le jour baissait, l'ouragan continuait de mugir. Les trois plus jeunes des quatre garçons, épuisés par les angoisses qu'ils venaient de subir, finirent par s'endormir. Mais l'aîné, Fritz, qui était assez grand pour se rendre compte du péril, demeura éveillé. Voyant que son père était dans l'anxiété, il lui demanda s'il ne serait pas à propos d'aviser aux moyens de gagner la côte. On fit des recherches, et l'on trouva quelques barils assez profonds pour soutenir chacun une personne à flot. Ces fûts, accouplés par paires avec de fortes cordes, furent placés de façon à servir de bouées de

LE NAVIRE ERRAIT BALLOTTÉ PAR LES VAGUES FURIEUSES.

sauvetage en cas de danger. Ce travail accompli, Fritz, fatigué, s'endormit comme ses frères. Les parents seuls ne fermèrent pas l'œil de toute la nuit.

Vers le matin, l'ouragan se calma ; de légères teintes roses, les premières lueurs de l'aurore, vinrent se refléter sur la surface de la mer encore houleuse.

Toute la famille, rassemblée sur le pont, assistait à ce lever du soleil, qui venait éclairer les débris d'un naufrage.

La vue des pauvres enfants, que le ciel ne semblait avoir épargnés que pour les condamner à de nouvelles souffrances, arracha un soupir à la femme du ministre.

« Ayons confiance, » dit celui-ci, les yeux tournés vers l'horizon qui commençait à s'éclaircir.

Chacun eut sa tâche : tout d'abord le père recommanda de visiter en tous sens ce qui restait du navire. On chercha vainement des vessies, des ceintures de sauvetage. Jack s'était précipité vers la cabine du capitaine. Il y trouva deux superbes chiens, qui commencèrent par faire mine de dévorer leur libérateur. Mais leurs grognements se changèrent en caresses quand Jack leur eut donné à manger. Les autres enfants revinrent avec des objets en apparence plus utiles. Ils apportaient une ligne et des hameçons, du plomb et de la poudre, des outils de charpentier et des ustensiles de chasse.

« Mes chiens rapporteront du gibier quand nous serons à terre, » dit le petit Jack, un peu humilié de voir le peu de cas que l'on paraissait faire de sa trouvaille.

La terre, c'était bientôt dit ; il s'agissait avant tout de construire l'embarcation grâce à laquelle nos naufragés pourraient l'atteindre.

Heureusement, ils ne manquaient ni d'initiative ni de courage.

Ils descendirent dans la cale, y trouvèrent des tonneaux, les remontèrent sur le pont, et les coupèrent par la moitié, de façon à obtenir huit cuves. Ces huit cuves furent assujetties sur une planche longue et flexible. Deux autres planches jointes à la première donnèrent une sorte d'embarcation longue et étroite, à huit compartiments, et dont la quille était formée par le simple prolongement des planches qui avaient servi à relier les cuves entre elles. Pour plus de sûreté, le père avait imaginé de pourvoir les deux extrémités de son canot d'une sorte de balancier pareil à celui qui assure l'équilibre des embarcations de quelques peuplades sauvages. Ce travail dura toute la journée. On résolut d'attendre au lendemain pour tenter le périlleux trajet. La fatigue avait épuisé nos travailleurs. Après avoir dîné de bon cœur, ils s'endormirent d'un sommeil paisible, et le lendemain l'aube qui vint éclairer de ses premières lueurs la côte voisine les trouva pleins de gaîté et de courage.

Le père pensait aux moyens d'aborder; la mère de famille, fidèle à son rôle, songea à emporter quelques provisions de bouche indispensables. Plusieurs gibecières vides furent bourrées de viande

ASPECT DE LA CÔTE.

salée, de tablettes de bouillon, de biscuits de mer. De plus, on avait réuni tout ce qu'il fallait pour construire une tente. Il ne restait plus aux naufragés qu'à confier leur âme à Dieu et à s'embarquer. Mais, au moment de pousser au large, on entendit les cris des pigeons et des poules qui se démenaient dans leurs cages, et l'on fut d'avis de retourner chercher ces volatiles qui pouvaient offrir de grandes ressources. Ces petites dispositions prises, nos naufragés rentrèrent dans la barque, escortés d'abord par les oies et les canards, qui la suivaient à la nage, puis par les deux chiens, un anglais appelé Turc, et une danoise qui répondait au nom de Bill.

Le trajet s'effectua sans accident, et l'île, qui de loin avait paru aride et couverte de rochers, ne tarda point à étaler ses côtes verdoyantes aux regards charmés de nos voyageurs. Ils abordèrent au fond d'une petite anse qui semblait placée là tout exprès pour offrir un débarcadère commode.

Grâces rendues au Tout-Puissant, qui venait de leur sauver la vie d'une façon aussi inespérée que merveilleuse, nos naufragés songèrent à se construire un abri pour la nuit. Ils dressèrent leur tente contre l'ouverture d'un rocher dont les parois solides garantissaient de l'âpreté des vents nocturnes. Les enfants furent chargés de la literie; et, tandis qu'ils couraient chercher de la mousse et des herbes pour les faire sécher au soleil, leur papa s'occupa de la construction du fourneau indispensable pour la préparation du souper. Ce fut un bon moment, plein de promesses, que celui où le feu, alimenté par des espèces de fagots et des branches sèches, sortit tout pétillant d'un fourneau de forme primitive, qui vous faisait songer à certains autels dont l'image figure sur des gravures anciennes.

Il faut peu de chose pour égayer des gens qui viennent d'échapper à un grand danger. L'aspect réjouissant de la flamme qui s'élançait vers le ciel, l'odeur réconfortante du pot-au-feu qui mijotait sur les cendres, les bonds de cabri du petit Frantz, qui s'était, de son autorité privée, proclamé marmiton, et s'autorisait de cette dignité pour goûter la sauce : tout, jusqu'au beau soleil qui avait succédé à l'affreuse tempête, se réunissait pour faire renaître l'espérance dans les cœurs et le sourire sur les lèvres.

Tandis que le pot bouillait et que le jeune Frantz s'en constituait volontairement le gardien, les trois fils aînés du pasteur se mirent en devoir d'apporter leur écot au repas du soir.

Fritz, en vrai fils des montagnes, commença par charger son fusil et se dirigea du côté d'un ruisseau dont l'eau limpide serpentait sur un lit parsemé de cailloux aussi jolis et aussi brillants que des pierres fines. Jack, son frère, s'en alla flâner au bord de la mer, et Ernest, le plus jeune, s'enfonça, d'un air grave, parmi les sombres cavités des rochers. Le retour de Jack fut signalé par une scène amusante.

« Père, je tiens un crabe ! » s'écria le mauvais plaisant, qui avait le pied serré entre les pinces de l'animal.

Le père vola à son secours. « Si tu disais que le crabe te tient ! » dit-il en le dégageant des pinces de son adversaire.

Ernest, aux cris de son frère, était accouru les mains pleines de sel, qu'il venait de recueillir entre les fentes du rocher. Sa mère lui sut gré de sa trouvaille.

« Tu es un bon garçon, lui dit-elle, tu m'apportes de quoi saler la soupe. »

Le dîner fut très gai. On remplaça les assiettes et les plats absents par des coquillages. Chacun eut son histoire à conter, et tout d'abord Fritz, l'aîné des quatre garçons, parla en chasseur consommé d'un

AGOUTI.

exploit cynégétique dont la victime était un cochon d'Inde. Chacun voulut voir ce fameux cochon d'Inde, qui, vérification faite, se trouva être un *agouti*, animal qui se nourrit d'herbes, de fruits et ressemble quelque peu à un lièvre. Madame Arnold avait entendu dire que la chair de cet animal est succulente.

« Agouti ou cochon d'Inde, il vient à point pour nous fournir notre rôti de demain, » dit-elle en bonne ménagère soucieuse de ne rien laisser perdre.

Le coucher du soleil surprit nos colons au sortir de table. Le soleil reflétait ses dernières rougeurs dans la mer apaisée, et de petits flots teintés de rose venaient caresser le rivage avec une sorte

CE FUT UN BON MOMENT QUAND LE FEU SORTIT EN PÉTILLANT.

de grâce enjouée et enfantine qui ne manquait pas de coquetterie. La nuit ayant succédé immédiatement au coucher du soleil, le pasteur pensa que l'île où l'on venait de débarquer devait être voisine de l'équateur.

On assista au coucher du petit monde ailé. Les uns cherchèrent un abri dans les creux du rocher ; les autres, sur les bords de la tente. Pigeons et poules demeurèrent dans le voisinage de leurs maîtres. Mais les canards et les oies, moins sociables, désertèrent bruyamment le poulailler improvisé où ceux-ci commençaient à s'endormir, pour s'en aller cancaner sur les bords marécageux d'une source voisine.

Nos colons étaient fatigués. Ils s'étendirent, non sans un regret donné à leurs bons matelas d'autrefois, sur la terre recouverte d'une maigre couche de feuilles. Mais les jours se suivent et ne se ressemblent guère. Il fallait bénir le ciel des secours qu'il avait envoyés, au lieu de regretter les biens dont il avait jugé à propos de priver nos amis.

CHAPITRE II

Le chant du coq éveilla les dormeurs. Père, mère, enfants crurent sortir d'un rêve en se sentant sur la terre ferme, c'est-à-dire à l'abri du danger. Ils étaient trop heureux pour ne point donner un souvenir à leurs compagnons de voyage ; ils résolurent de rechercher les traces des rares malheureux qui pouvaient avoir survécu. D'ailleurs M. Arnold jugeant nécessaire de faire un voyage d'exploration autour de l'île, Fritz accompagnerait son père dans cette tournée ; les trois autres, trop jeunes pour supporter la fatigue, resteraient auprès de leur mère, sous la garde du plus vigilant des deux chiens. L'autre chien avait suivi Fritz, qu'il considérait plus particulièrement comme son maître.

Je n'ai pas besoin d'insister sur le sentiment d'angoisse qui s'empara de madame Arnold. Elle ne cessa d'agiter son mouchoir jusqu'au moment où des rochers recouverts d'arbustes lui cachèrent les explorateurs.

Le chemin était rude, la rive du ruisseau si escarpée et les rochers tellement rapprochés, qu'il leur restait souvent tout juste assez de place pour poser le pied. Ils suivirent cette rive jusqu'au moment où une muraille de rochers vint leur barrer le passage. Là, grâce aux grosses pierres qui pavaient en quelque sorte le lit du ruisseau, ils parvinrent aisément au bord opposé. Les voyageurs, le regard tourné vers l'Océan, n'abandonnaient point l'espoir d'y découvrir quelques-uns de leurs compagnons d'infortune. Mais nul vestige d'embarcation ne paraissait. Seule, la trace à demi effacée d'un pied humain était empreinte sur le sable de la plage, et cette trace elle-même, si toutefois c'en était une, ne se reproduisait point ailleurs.

« Cette île est peut-être habitée par des sauvages, » s'écria Fritz.

Son père jugea à propos de le calmer.

« S'ils nous attaquent, nous avons des fusils pour nous défendre, » lui répondit-il.

Au bout de deux heures de marche, ils atteignirent un petit bois assez éloigné de la mer. On y trouvait de la fraîcheur et de l'ombre. Un joli ruisseau passait au milieu des arbres touffus, et de beaux oiseaux aux couleurs vives comme celles des tulipes voltigeaient au milieu du feuillage enchevêtré de lianes.

C'était un bois de cocotiers. Fritz, qui s'imaginait n'avoir jamais rien vu d'aussi beau, regardait avec enthousiasme autour de lui; tout en marchant, il heurta du pied un corps arrondi qui faillit le faire tomber. Il le montra à son père, et il se trouva que l'objet que tout d'abord le jeune garçon avait pris pour un œuf d'autruche était une noix de coco. Malheureusement, la noix étant mûre ne contenait plus une goutte de ce lait si vanté par quelques voyageurs, et qui sans doute a des vertus rafraîchissantes dont nos touristes regrettèrent de ne pouvoir faire l'essai.

Un calebassier chargé de ses fruits attira ensuite leur attention, et Fritz écouta avec intérêt les explications de M. Arnold, qui, chemin faisant, racontait à son fils comment l'écorce de ces fruits, en apparence assez semblables à ceux de la coloquinte, pouvait servir à fabriquer des bols, des plats, des gourdes et autres ustensiles de ménage. Les sauvages, disait-il, n'avaient point d'autres assiettes, et même M. Arnold ajouta qu'ils y faisaient bouillir de l'eau en y jetant des pierres brûlantes, dont la chaleur chauffait le liquide sans entamer l'écorce de la bouilloire. L'idée de fabriquer peu à peu une petite provision d'ustensiles de ménage plut à Fritz. Il prit son couteau de poche et essaya de faire des entailles dans l'écorce de l'une des courges. Mais sur cette écorce très molle son couteau glissait.

« Ce n'est point ainsi qu'il faut t'y prendre, » lui dit son père. Puis, joignant l'exemple au précepte, il tira de sa poche une ficelle, dont il se servit pour serrer fortement le fruit par le milieu. Le fruit céda bientôt à la pression de la ficelle, qui le partagea en deux parties égales.

Deux assiettes, plusieurs gourdes, sortirent bientôt des mains de l'habile ouvrier, et le soleil, à défaut de four, fut chargé de cuire cette porcelaine d'un nouveau genre.

ILS ATTEIGNIRENT UN PETIT BOIS PLEIN DE FRAICHEUR ET D'OMBRE.

Tandis que le père et le fils reprenaient leur course, ils s'amusèrent à tailler des cuillers, l'un dans un morceau d'écorce de calebasse, l'autre dans la coque d'une noix de coco. Se rappelant alors certains ustensiles de même provenance qu'ils avaient vus au Musée, ils furent forcés de convenir que les sauvages leur étaient supérieurs dans ce genre d'industrie. A la rigueur, les cuillers pouvaient servir, c'était le principal.

Après plusieurs heures de marche, ils atteignirent l'extrémité d'un promontoire assez avancé. Ce promontoire était surmonté d'une hauteur d'où l'œil embrassait une vue admirable.

Nulle trace des autres naufragés, nul soupçon d'habitations construites par la main de l'homme. En revanche, un tableau digne du Paradis terrestre, une vision semblable à ces images féeriques qui hantent parfois nos rêves.

C'étaient des forêts immenses, de grasses prairies qui descendaient par étages jusqu'au bord d'une mer aussi bleue que le ciel.

Toute médaille a son revers. Si le pays était beau et surtout assez riche pour nourrir une colonie humaine, les colons faisaient défaut. Le ministre ne put réprimer un soupir ni surtout s'empêcher de songer à l'étrangeté des décrets divins, qui souvent se manifestent d'une façon inexplicable et qui les avaient amenés où ils étaient, tandis qu'ils avaient peut-être jugé à propos de laisser périr leurs compagnons de voyage.

Il crut qu'il valait mieux ne pas s'appesantir sur ces pensées, et surtout ne point en entretenir son fils. L'heure du repas était arrivée. Ils se dirigèrent vers le petit bois de palmiers qui couronnait le sommet de la colline. Une sorte de chemin conduisait à travers un marécage hérissé de gros roseaux dont les touffes pouvaient donner asile à des serpents et autres bêtes venimeuses. On envoya Turc ouvrir la marche en guise d'éclaireur. Puis Fritz coupa en deux un de ces roseaux, duquel sortit un jus abondant et sucré. Le roseau se trouvait être une canne à sucre. Fritz se montra tout joyeux de cette heureuse découverte, et surtout du plaisir qu'il aurait à la communiquer à sa mère.

« Comme elle va être contente ! » dit-il en s'apprêtant à faire une provision de cannes.

Son père dut l'arrêter, en lui faisant remarquer que la route était longue et qu'il ferait bien de ne pas se charger d'un fardeau trop lourd. Fritz céda, mais à regret; il ne se sentait point las, et, par conséquent, ne songeait point à ménager ses forces.

Une fois assis à l'ombre du petit bois de palmiers, il se mit à manger et à boire avec plaisir. Mais le repas fut bientôt interrompu par l'arrivée d'une troupe de singes; ces animaux, se voyant poursuivis et pourchassés par Turc, essayèrent de lui échapper en gagnant la cime des arbres. Leurs cris et leurs grimaces faisaient ressembler à des diables ces vilains animaux velus. M. Arnold leva la tête pour mieux les examiner et s'aperçut que les arbres à l'ombre desquels il était assis étaient des cocotiers.

« Essayons, dit-il en désignant les singes, de nous servir de ces messieurs pour nous procurer notre dessert. »

Là-dessus, il lança une pierre à l'un d'eux, et reçut, en retour, une véritable pluie de noix de coco. Les singes, croyant se venger, avaient, au contraire, rendu service à nos colons. Mais M. Arnold et son fils, craignant de voir les singes découvrir leur ruse, jugèrent à propos de se soustraire à leur vue. Ils cherchèrent plus loin un petit endroit tranquille et se firent une sorte de petit plat sucré délicieux en mélangeant de la crème de coco avec du jus de canne à sucre.

Le repas terminé, nos voyageurs se remirent en route, munis d'un petit paquet de noix de coco et de cannes à sucre. Mais à peine eurent-ils fait quelques pas, qu'ils s'arrêtèrent. Les aboiements furieux de Turc venaient de répandre la terreur au milieu d'une nouvelle bande de singes.

Tandis que la plupart d'entre eux prenaient la fuite, le mâtin affamé s'élança sur une vieille femelle, l'éventra et se mit à la dévorer à belles dents. Un joli petit singe, probablement trop jeune pour rattraper ses camarades, assistait, accroupi sous un arbre, à ce repas horrible. Ses grincements de dents et ses grimaces indignées attirèrent l'attention de Fritz. Il voulut s'emparer du singe; mais le malicieux animal lui échappa, et, lui sautant sur le dos, s'efforça de lui arracher une poignée de cheveux. On eut quelque peine à lui faire lâcher prise. Sa témérité criait vengeance. Néanmoins la gentillesse du petit scélérat plaidait pour lui. On résolut de l'épargner; Fritz lui administra quelques coups de canne, puis,

DE CE PROMONTOIRE L'ŒIL EMBRASSAIT UNE VUE ADMIRABLE.

le supposant corrigé, lui permit de reprendre sa place sur le dos de son nouveau maître. Mais l'agitation inquiète du singe, qui, perché sur le dos de Fritz, semblait se croire sur une branche d'arbre, ne tarda pas à devenir gênante. Fritz comprit que, s'il avait eu le droit de punir le singe de sa méchanceté, il n'avait pas celui de s'opposer à ses gambades; aussi songeait-il à se débarrasser de ce nouveau commensal, lorsque le retour du chien lui inspira une idée lumineuse. Il improvisa un harnais et des guides avec des bouts de ficelle, et posa le singe à califourchon sur le chien, à qui il fit la grosse voix pour l'engager à se tenir tranquille; et le voilà en devoir d'apprendre au singe le métier de cavalier. Le petit animal montra d'abord peu de dispositions pour l'équitation, mais il finit par y prendre goût, et traita sa monture en vrai despote. Le cavalier et sa monture formaient un groupe grotesque, dont la vue était faite pour dissiper les plus tristes préoccupations.

LE SINGE DE FRITZ.

Le retour eut lieu sans accident, et nos voyageurs, annoncés par les aboiements de Bill, la grosse chienne danoise, firent une entrée triomphale dans leurs nouveaux pénates. Fritz essayait d'imiter les allures d'un montreur d'ours empressé d'attirer les badauds, et faisait aller ses doigts tout le long d'une flûte imaginaire; c'était le comble du comique.

« Je ne m'attendais pas à voir revenir une troupe de saltimbanques, » s'écria gaiement la femme du ministre.

On oubliait les soucis du passé et du présent pour faire fête au petit singe et l'on oubliait aussi les fatigues de la journée devant les préparatifs appétissants d'un repas abondant et varié. Madame Arnold avait fait de son mieux. Des deux côtés de l'âtre, où ronflait le pot-au-feu, on remarquait deux tournebroches d'une dimension respectable. Sur l'un, la maîtresse du lieu s'occupait à faire rôtir des poissons; l'autre perçait les flancs d'une volaille que le pasteur prit pour une oie. Mais madame Arnold se récria à cette supposition.

PINGOUIN.

« Quoi? dit-elle, j'aurais eu le cœur d'immoler sans nécessité une de nos pauvres bêtes? » et elle ajouta que l'oie supposée était un produit de la chasse d'Ernest, et très probablement un animal pareil à ceux dont l'enfant avait vu l'image dans l'un de ses livres de classe. Vérification faite, on reconnut en effet dans ce palmipède un pingouin.

Le repas, animé par les récits du père et du fils, n'avait pas manqué de gaieté. On avait trinqué avec le lait des noix de coco; on s'était servi, pour boire et pour manger, des ustensiles taillés dans l'écorce des calebasses. En somme, on n'avait pas perdu sa journée; on pouvait goûter un repos d'autant plus doux qu'il était mérité, la famille se disposa donc à aller se coucher. Arrivés sous la tente, nos voyageurs s'aperçurent que leur gîte avait un autre aspect que le matin. La ménagère, en leur absence, avait pourvu au bien-être général. Non seulement la bonne âme s'était efforcée de préparer un bon dîner, mais elle avait eu soin de ramasser des herbes moelleuses pour

LE REPAS FUT INTERROMPU PAR L'ARRIVÉE D'UNE TROUPE DE SINGES.

rembourrer les couchettes. On ne fut pas longtemps à s'endormir; mais le sommeil de nos colons devait être bientôt troublé par un concert de cris sauvages. Père, mère, enfants, tous furent debout en un clin d'œil. Ils se précipitèrent hors de la tente, armés jusqu'aux dents, et virent non sans effroi les chiens aux prises avec une bande de chacals. On en tua quelques-uns, ce qui effraya les autres, et produisit un sauve-qui-peut général. Les chiens finirent par rester maîtres de la place, et ils se mirent à déchirer avec avidité les restes de leurs congénères les chacals.

L'alerte n'eut pas d'autre suite, et le reste de la nuit fut paisible. Le lendemain, de bonne heure, le père et le fils aîné se préparèrent à une nouvelle expédition. Cette fois, il s'agissait de gagner le vaisseau échoué, qui pouvait être submergé d'un moment à l'autre, avec tout ce qu'il renfermait encore de provisions, de bestiaux et de vivres. Pour garder son mari et son fils auprès d'elle, madame Arnold eût volontiers fait l'abandon de tout ce que le navire pouvait contenir. Mais la prudence ordonnait de songer à l'avenir. Il pouvait s'écouler des années avant que l'on trouvât moyen de quitter l'île; il fallait faire taire les craintes exagérées, savoir profiter des ressources que le sort laissait à leur portée et finalement prouver sa croyance en Dieu par sa confiance en lui.

On se sépara, non toutefois sans avoir planté sur le bord de la mer un poteau muni d'un large morceau de toile à voile. Quand on abaisserait ce poteau, ce serait signe que nos navigateurs devaient se hâter de revenir.

Il n'arriva rien de fâcheux ni sur terre ni sur mer. Bien au contraire : le courage de la femme et du mari qui s'étaient séparés pour le bien de leurs enfants reçut sa récompense; car le voyage au navire contribua fort à améliorer la situation de la famille.

Le trajet avait été facilité par un courant d'eau douce qui se jetait dans la mer près de l'embarcadère. Ce courant avait doucement poussé nos voyageurs presque jusqu'à l'épave. Là, ils furent accueillis par les cris des animaux demeurés sur ce qui restait du navire. Il y avait un âne, une vache, des chèvres, dont une toute mignonne et toute gentille, qui fit aussitôt connaissance avec le petit singe de Fritz. Quand Fritz se fut bien amusé de la gourmandise du singe qui ne se lassait point de téter la chèvre et témoignait sa satisfaction par d'affreuses grimaces, il se mit en devoir d'aider son père à charger le radeau. Mais le pasteur reconnut bientôt qu'il était impossible de transporter une cargaison considérable sur un radeau à rames. Il fallut s'occuper de construire un mât, trouver le moyen d'adapter des voiles propres à une embarcation de construction fort irrégulière, et par conséquent fort incommode. Ces préparatifs exigeaient tout un travail de charpente long et minutieux. Il fallut se décider à passer la nuit à bord. Mais le cas était prévu, et la vue du pavillon déployé sur le pont du navire devait empêcher ceux qui étaient à terre de concevoir la moindre inquiétude.

Quand l'embarcation fut en état de porter sans danger un poids considérable, on employa le reste de la journée à remplacer le lest de sable devenu inutile par un chargement précieux d'étoffes de coton et de laine. La poudre, le plomb, les balles étaient des objets de première nécessité pour des gens destinés à vivre principalement du produit de leur chasse. Le père et le fils y joignirent tout ce qu'ils purent trouver d'armes offensives et défensives. Fritz surtout montrait les goûts et les penchants d'un Nemrod. Mais ils ne négligèrent point ce qui pouvait rendre la vie domestique plus confortable. Ils emportèrent donc des provisions de bouche et de chaudes couvertures. Ils formèrent une véritable collection d'ustensiles de cuisine et de ménage et firent main basse sur les couverts d'argent qui se trouvaient soit dans la cabine du capitaine, soit ailleurs. J'allais oublier les instruments aratoires, le grain et les semences de toute sorte. Finalement, ils songèrent à transporter les animaux domestiques; ce seraient des montures et des bêtes de somme, et ils peupleraient l'île. Comme ils nageaient naturellement, il suffirait de les lâcher. Pour plus de sûreté, on leur adapta des appareils de sauvetage autour desquels on fixa une corde destiné à les maintenir dans la bonne voie. L'essai ayant réussi sur le mouton, la truie et les chèvres, on s'occupa de la vache et de l'âne. Deux tonneaux vides, réunis par de la toile à voile, furent fixés sous le ventre des gros quadrupèdes. Rien n'était plus comique que de les voir ainsi affublés. Il eût été peut-être difficile de les faire descendre au niveau de l'eau, mais ce travail fut facile, grâce à une brèche que le choc contre les rochers avait ouverte dans les flancs du navire. Ce fut l'âne qui se montra

LE PÈRE ET LE FILS EURENT HATE DE QUITTER L'ENDROIT OU ILS AVAIENT FAILLI PÉRIR.

le plus récalcitrant; une secousse inattendue le précipita à la mer. La chute fut lourde, mais il se remit bien vite d'aplomb et nagea comme si de sa vie il n'eût fait autre chose.

Quand la vache, le dernier des gros animaux, fut à flot, le père et le fils eurent hâte de quitter l'endroit où ils avaient failli périr. Leur embarcation, grâce aux voiles qu'ils y avaient industrieusement adaptées, se trouvait en état de les amener au port. Néanmoins, ils eurent une très grande frayeur pendant le trajet, car ils virent une sorte de monstre qui nageait près d'eux. Ils sautèrent ensemble sur leurs armes : le monstre était un gros requin qui rasait la surface de l'eau. Fritz fit feu, atteignit l'animal à la tête, et le blessa mortellement, à en juger par les flots de sang qui s'échappaient de sa blessure. Le requin disparut, et nul autre incident ne vint troubler le reste du voyage.

CHAPITRE III

Sans doute nos voyageurs avaient fait une rude besogne depuis vingt-quatre heures; mais sur la terre ferme on n'était pas non plus demeuré inactif. La femme du ministre ne s'était pas montrée moins courageuse que son mari. Le signal du pavillon l'avait rassurée et lui avait donné la tranquillité d'esprit nécessaire pour qu'elle pût s'occuper, elle aussi, d'introduire des améliorations dans leur genre de vie. Tout bien pesé, elle avait reconnu qu'ils ne devaient pas songer à planter définitivement leur tente dans un endroit aride, absolument privé d'ombre, et, de plus, exposé aux incursions des animaux nuisibles. Les charmants souvenirs que Fritz avait rapportés de sa promenade de l'autre jour lui avaient donné l'idée d'entreprendre à son tour une petite excursion dans les terres. Elle avait fait déjeuner les trois enfants, puis, suivis de Bill et munis de bons gros bâtons bien solides, tous s'étaient dirigés vers l'intérieur de l'île. Les quatre explorateurs étaient revenus pleinement satisfaits de leur découverte. Tout en marchant, et à une assez grande distance de la mer, ils avaient rencontré un endroit plein de fraîcheur et d'ombre. Des groupes de beaux arbres étaient dispersés sur un gazon doux et épais, et parmi ces arbres on en voyait un qui, par son feuillage comme par sa forme, avait éveillé chez madame Arnold des souvenirs de la Suisse. Il ressemblait, disait-elle, à un vieux châtaignier qui probablement se trouvait encore debout dans le jardin de la maison paternelle. Le châtaignier paternel, creusé par les ravages du temps, était un objet de curiosité pour tout le pays, car il était de proportions gigantesques; on avait pratiqué dans l'intérieur un escalier, et dans le branchage un lieu de plaisance. Cet endroit était un balcon où plusieurs personnes à la fois pouvaient prendre leur café. C'était comme une espèce de petite maison aérienne, et la vue des beaux arbres qui croissaient à l'intérieur de l'île avait donné à madame Arnold l'idée d'échanger leur tente contre une construction pareille. « Au moins, ajouta-t-elle, nous pourrons dormir tranquilles. Ni les chacals, ni les autres bêtes fauves ne viendront nous attaquer là-haut. Ensuite, ce sera frais et propre. Voyez-vous d'ici notre cabane perchée sur un tronc d'arbre et abritée par les masses d'un feuillage épais? » Et comme son mari

L'ARBRE GIGANTESQUE.

souriait d'un air d'incrédulité, elle entra dans tous les détails les mieux faits pour le convaincre.

« Comme force et comme hauteur, ces arbres, reprit-elle, dépassent de beaucoup celui dont je parlais tout à l'heure. Essaye, mon ami, d'imaginer un bouquet de dix à douze arbres merveilleusement soutenus en l'air par de forts arcs-boutants, formés de grosses racines qui semblent avoir poussé l'arbre tout entier hors de terre, de sorte que le tronc ne tient au sol que par une racine placée au centre et moins grosse que les autres. Jack a grimpé sur un des arcs-boutants et en a mesuré la hauteur avec une ficelle ; cette hauteur est de trente-trois pieds; depuis la terre jusqu'à la naissance des branches, soixante-six pieds; le cercle formé par les racines a une circonférence de quarante pas. Je puis me tromper, mais, en somme, mon idée n'est point absurde. Il faut examiner avant de rejeter, et voir ensemble ce que nous pourrions faire pour notre établissement futur. »

Le mari avait commencé par rire un peu de l'idée de sa femme, mais, tout bien considéré, il trouva cette idée moins excentrique et même assez praticable.

« La première chose à faire, en supposant toutefois que nous allions nous établir là, serait, dit-il, de construire un pont solide et large au-dessus du ruisseau qui nous sépare de l'intérieur des terres et qui peut à tout moment devenir impraticable. »

Madame Arnold avait pensé qu'il suffirait de traverser le ruisseau à gué en transportant comme on pourrait les bagages. Mais elle ne tarda pas à se rendre aux raisons de son mari, quand celui-ci lui eut fait observer qu'il n'était pas prudent d'aventurer ainsi des bagages qui formaient leur unique richesse et constituaient, par conséquent, une véritable fortune. « Que deviendrons-nous, s'écria-t-il, si, par exemple, notre petit troupeau d'animaux domestiques venait à se noyer? Je ne parle pas des difficultés sérieuses que pourrait faire naître un obstacle placé entre le lieu actuel de notre résidence et celui de notre résidence future. Changeons de place, j'y consens; mais, avant tout, réservons-nous la possibilité de venir ici quand il nous plaira et quand nous le jugerons nécessaire. »

Madame Arnold fut de l'avis de son mari, et se mit aussitôt à réfléchir aux moyens d'effectuer le déménagement sans risque et sans danger.

Tandis qu'elle réunissait tous les paniers disponibles et se mettait à coudre des sacs pour transporter les vêtements et les étoffes, le bon ministre cédait au vœu de ses enfants qui l'avaient prié de se laisser conduire par eux à un endroit où ils étaient allés le matin. Les deux aînés avaient fait un butin magnifique.

Fritz, en habile tireur, avait tué un léopard qui, tapi dans les jungles, semblait friand de chair humaine; il avait muselé un autre léopard de la grosseur d'un chat; c'était une ravissante petite bête qui buvait du lait et ne griffait personne. Les enfants, qui prétendaient apprivoiser le petit léopard, l'avaient ramené à la maison ; il s'agissait à présent d'y transporter la pesante dépouille de l'autre. Le père leur conseilla d'emmener l'âne et la vache.

La petite troupe se mit en marche, et arriva bientôt à l'endroit où les enfants avaient laissé le cadavre du léopard. C'était

LE LÉOPARD SEMBLAIT FRIAND DE CHAIR HUMAINE.

une bête superbe ; son poil fauve était tacheté de noir et se détachait vigoureusement sur la verdure marécageuse des jungles. La dépouille était digne d'orner le palais d'un souverain ; mais l'endroit où gisait cette dépouille exhalait un air empoisonné et dangereux qui frappa le ministre. Tout à l'entour, entre des branches d'arbres au feuillage lustré et épais, on voyait poindre des têtes d'animaux inconnus et bizarres. Quelques-uns étaient ailés et ressemblaient aux dragons de la fable; ailleurs, l'herbe, haute et comme soulevée par des mouvements souterrains, semblait cacher des nichées de serpents et de crocodiles.

On s'empressa de quitter un endroit dont le moindre inconvénient était d'exhaler des miasmes capables de donner la fièvre. Cependant M. Arnold s'était empressé de louer l'adresse et le courage de son fils aîné. Et comme la mère, à la vue du terrible animal, ne pouvait réprimer un cri de frayeur rétrospective, et tremblait à l'idée des dangers qui avaient menacé ses enfants, il l'engagea doucement à se calmer.

« Ce n'est pas pour rien, lui dit-il, que notre Fritz est un enfant des montagnes. Il faut le laisser libre de se perfectionner dans un métier où il excelle. S'il s'expose, la Providence l'a pourvu des moyens de se défendre. Qui ne risque rien n'a rien, et notre Fritz nous a été déjà d'un grand secours depuis notre malheur. Aujourd'hui, nous lui devrons peut-être tout à la fois un tapis superbe et un bon dîner. La chair du léopard est, dit-on, succulente et fort capable de restaurer des gens qui vivent au grand air et endurent de grandes fatigues. »

Pour construire le pont projeté, il fallait des matériaux qu'il était difficile de se procurer dans l'île. On songea d'abord à aller arracher des planches et des poutres au navire. Mais le vent et les vagues s'étaient chargés d'épargner ce soin à nos travailleurs. Des poutres, des planches, d'autres matériaux encore, provenant des débris du navire échoué, avaient été poussés à la côte, et séjournaient au fond d'une sorte d'anse qui n'était pas loin de la tente. Il paraissait facile d'aborder en cet endroit et par conséquent de retirer ces matériaux sans retourner au lieu du naufrage. Tout en examinant le terrain, M. Arnold et son fils aperçurent quelque chose de singulier, et dont, au premier abord, ils eurent peine à se rendre compte. De petits êtres encapuchonnés comme des moines et alertes comme des singes semblaient se disputer une proie volumineuse. Un instant, ils purent croire qu'une armée de Lilliputiens s'était abattue sur le rivage; mais, en y regardant de plus près, ils reconnurent distinctement une nuée de mouettes.

La proie qui provoquait d'aussi vives disputes était un requin:

celui-là même qui, le jour précédent, avait si fortement effrayé nos navigateurs. M. Arnold savait tout le parti qu'on peut tirer de la peau du monstre marin. On en peut faire des limes, ou bien le tanneur en adoucit les rugosités pour la rendre plus souple et en faire ce que les relieurs et quelquefois les cordonniers appellent de la *peau de chagrin.*

« Il faudrait, dit Fritz, se procurer une petite provision de cette peau précieuse. » Comme les oiseaux ne se disposaient pas à s'en écarter, il tira la baguette de son fusil et frappa à droite et à gauche. Quelques-uns des oiseaux furent atteints, d'autres s'enfuirent, et l'enfant demeura maître d'une petite partie du colosse. Il

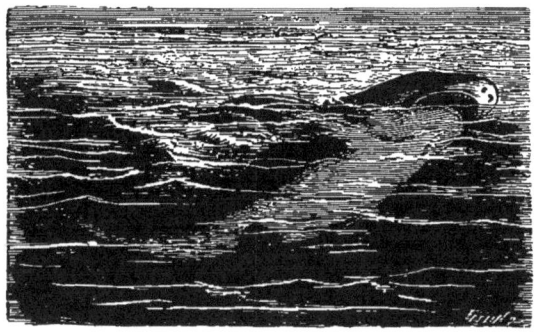

LE REQUIN.

profita de la terreur qu'il venait de répandre parmi les oiseaux pour couper quelques bandes de la peau dont son père venait de vanter l'utilité. On la plaça dans l'une des cuves avec celle du chacal égorgé l'avant-veille, puis on se disposa à remorquer les poutres et les planches en les disposant comme un train de bois flotté. Ce dur labeur achevé, nos travailleurs s'empressèrent de regagner *Zeltheim :* c'est le nom qu'ils avaient donné à l'endroit qui, le premier après leur naufrage, leur avait offert un asile et qui, littéralement, veut dire *Maison de la tente.* Cette fois encore, personne ne vint au-devant d'eux au débarcadère. Mais tout s'expliqua quand, peu d'instants après, ils virent apparaître trois figures joyeuses. La mère et les enfants étaient allés à la pêche aux écrevisses. Le ruisseau dont on a parlé en fournissait abondamment, et la pêche avait été fructueuse

LE PONT.

Les enfants battaient des mains, et leurs visages s'épanouissaient à la perspective d'un bon souper. Mais M. Arnold se hâta de dire qu'il ne fallait point songer à la gourmandise avant d'avoir rempli son devoir. La tâche, pour aujourd'hui, c'était de jeter un pont sur le ruisseau.

Un tronc d'arbre assez volumineux et fortement enraciné sur le rivage facilita la besogne. On l'entoura d'une corde que l'on rattacha à l'extrémité de l'une des poutres. M. Arnold fixa une autre corde à l'autre bout, puis, attachant une pierre, il la lança de l'autre côté du ruisseau, qu'il traversa à son tour en sautant de rocher en rocher. Pour faire passer l'âne et la vache, il prit une poulie qu'il fixa solidement à un arbre, jeta sur la roue de sa poulie la corde précédemment lancée, et, traversant de nouveau le ruisseau en emportant l'extrémité de la corde, il y attela l'âne et la vache. Ces deux animaux résistèrent d'abord; mais, enfin, ils marchèrent, et la poutre tourna autour du tronc, tandis que son extrémité allait toucher l'autre bord. Il fut impossible de retenir les enfants, qui voulurent faire l'essai de ce pont fragile. Mais les parents, d'abord un peu inquiets, se rassurèrent lorsqu'ils virent combien le passage du pont était sûr et facile. Le plus difficile de l'ouvrage était terminé; on disposa trois poutres auprès de la première, en les faisant glisser par-dessus; puis on travailla à réunir le tout à l'aide de fortes planches. Le pont avait de huit à neuf pieds de large, et cependant il pouvait être retiré à volonté quand on jugerait à propos d'interdire le passage du ruisseau.

Alors on respira. La journée avait été rude, il fallait se reposer et reprendre des forces pour le lendemain.

CHAPITRE IV

Rien ne vint troubler le repos de nos colons. Le matin, de bonne heure, on s'occupa du départ. La prière faite, le déjeuner achevé, M. Arnold rassembla ses enfants et leur dit : « Nous partons d'ici, nous échangeons un lieu qui nous est déjà devenu familier contre l'inconnu. La chose peut réussir; mais, comme nous ignorons encore comment tout cela tournera, nous devons user de prudence. Avant tout il faut nous faire une loi de ne point nous écarter les uns des autres pendant le voyage. Réunis, il est souvent facile de conjurer le danger contre lequel on ne peut rien quand on est isolé. »

La suite de ce récit montrera combien les enfants eurent raison d'obéir à la recommandation de leur père. En attendant, tous s'occupaient des préparatifs du départ; les uns remplissaient les sacs, les autres les chargeaient sur le dos de la vache ou de l'âne. Outre les ustensiles de cuisine et les munitions de chasse, on avait emporté de quoi manger pour plusieurs jours. Le ministre, trouvant que l'âne avait bon dos, allait ajouter quelques paquets de couvertures à tous ceux que le baudet portait déjà, quand madame Arnold jugea à propos de s'interposer. « Ne faut-il pas, dit-elle, emporter nos poules? » Puis, désignant Frantz, le plus jeune de ses enfants, elle ajouta qu'il était trop petit pour supporter les fatigues de la route. On arrangea solidement le petit garçon entre deux paniers attachés sur l'échine du grison, puis on s'essouffla vainement à donner la chasse aux poules. Quand madame Arnold remarqua les efforts maladroits des trois garçons qui couraient derrière elles sans pouvoir les attraper, elle éclata de rire. « Pourquoi, dit-elle, ne les sifflez-vous pas plutôt? » Elle avait bien raison de les railler. Les poules se montraient récalcitrantes à l'emploi de la force, mais elles se laissèrent prendre au piège qu'on leur tendit en leur offrant une poignée de grains étalée sur le sol de la tente; comme elles étaient absorbées par le soin de becqueter le grain, et le désir d'en laisser le moins possible à leur compagnes, quelqu'un s'approcha furtivement pour fermer l'ouverture de la maisonnette.

On avait souvent remarqué l'intelligence du singe, qui s'amusait à tourmenter les poules et paraissait prendre plaisir à leur jouer de mauvais tours. Malgré sa malice, il les aimait et n'en avait encore étranglé aucune. Ce souvenir fut un trait de lumière. On appela Jack, qui passa aussitôt par l'ouverture de la tente et s'empara de la première poule qui lui tomba sous la patte. Elles y passèrent toutes. A mesure que l'animal en prenait une, il avait soin de la rapporter à sa maîtresse, qui liait les pattes de la prisonnière et la déposait dans le panier. La dernière poule emballée, on démonta la tente, et, l'ayant soigneusement ployée, on la serra dans le creux d'un rocher devant lequel on poussa une grosse pierre. Tout étant ainsi disposé, la petite caravane se mit en route. Le cortège était à peindre. Fritz, la gibecière au côté, ouvrait la marche, accompagné de sa mère. Venaient ensuite la vache et l'âne, celui-ci portant en croupe un cavalier haut comme une botte et muni d'une tartine de pain beurré. Les chèvres, précédées de Jack, qui se tenait majestueusement à cheval sur l'un des chiens, formaient le troisième groupe. Les moutons étaient conduits par Ernest et suivis par le digne pasteur, dont l'honnête figure fermait la marche de cet imposant cortège et lui donnait un air patriarcal et biblique. Le petit léopard suivait allègrement les chiens, ses compagnons ordinaires. Mais tous les moyens de persuasion imaginables avaient échoué auprès du cochon. Les injonctions les plus pressantes l'avaient trouvé sourd. En véritable philosophe, il ne comprenait pas que l'on quittât le connu pour l'inconnu et paraissait déterminé à s'instituer le gardien du campement abandonné. Néanmoins la solitude parut le faire changer d'avis, et nos colons eurent à peine gagné l'autre côté du pont qu'on le vit accourir et se joindre au reste de la troupe. Ce ne fut pas toutefois sans manifester son mécontentement par des grognements dont le sens n'échappa à personne et qui témoignaient de l'importance qu'il s'attribuait dans la famille. L'âne, piqué par je ne sais quelle mouche, s'imagina à un certain moment de prendre le galop avec Frantz, qui jetait des cris de terreur. Le bétail, affriandé par l'aspect de l'herbe plantureuse, se permit quelques écarts; on rencontra une sorte d'énorme porc-épic, que l'un des enfants tua d'un coup de revolver. A part ces légers incidents, le trajet manqua de variété; tous arrivèrent en bon ordre à l'endroit dont madame Arnold avait fait une description si séduisante. Elle n'avait rien exagéré : l'aspect du lieu suffisait pour donner envie de s'y établir.

Il était difficile d'imaginer un endroit d'un aspect plus attrayant et mieux fait pour donner l'idée du Paradis terrestre. Les gigantesques masses de rochers perpendiculaires qui descendaient jusqu'aux bords d'une mer d'azur étaient comme brûlées par l'ardeur du

PORC-ÉPIC.

soleil, et se couvraient, par places, d'épais buissons de plantes grasses. D'énormes aloès, de magnifiques figuiers de Barbarie sortaient des flancs de la pierre, étalant leurs larges fleurs pourprées ou violettes parmi d'autres plantes hérissées et rampantes. Il y avait là des enchevêtrements de cactus qui ressemblaient à des nichées de serpents, des touffes de végétation dentelée et découpée dont les feuilles reluisantes faisaient songer tantôt à la lame d'un couteau, et tantôt à la gueule entr'ouverte d'un crocodile. Çà et là le feuillage sombre d'un palmier solitaire faisait ressortir la rougeur ardente du ciel d'été et les miroitements d'une mer bleue et étincelante. Cependant cet aride rempart placé sur les bords de l'île se trouvait là comme le fort intérieur d'un jardin embelli par un printemps éternel. Derrière ce mur, tout était ombre, fraîcheur et verdure. C'étaient d'énormes pelouses recouvertes d'un gazon velouté, des collines riantes sous l'horizon azuré, des groupes d'arbres géants derrière lesquels des masses sombres faisaient deviner le commencement d'une forêt vierge. Des bananiers ombrageaient les bords d'un ruisseau limpide, et le dédale monstrueux des fougères et autres plantes parasites formait comme des corbeilles de verdure autour d'un débordement d'arbustes dont les fleurs étaient d'un rouge vif. Ailleurs, les troncs d'arbres reliés l'un à l'autre par des festons de lianes pendantes figuraient comme les colonnes d'un temple, et semblaient transformer l'espace en un séjour de bonheur et de plaisir. Un peu plus loin, l'onde cristalline d'un petit lac d'eau douce réfléchissait comme dans un miroir les mille couleurs radieuses de la végétation et du ciel.

Le ministre et les siens étaient enfants des montagnes, c'est-à-dire aptes à goûter les beautés de la nature. Devant ce tableau merveilleux, ils oublièrent qu'ils étaient là comme exclus du reste du monde, et s'abandonnèrent à un mouvement de joie pure.

« C'est tout simplement le Paradis, » s'écria gaiement le ministre.

Avant tout, il proposa aux siens de s'asseoir et de tenir un conseil de famille. On débrida l'âne, on laissa paître la vache, on donna la liberté aux pigeons et aux poules; alors M. Arnold regarda sa femme et lui demanda si elle persistait dans son idée de passer la nuit sur un arbre. Elle répondit qu'à son avis ce serait le meilleur moyen d'échapper aux attaques nocturnes des bêtes fauves. Comme elle parlait encore, on entendit la détonation d'un coup de fusil. Fritz s'était échappé aussitôt qu'il avait été question de choses sérieuses; d'ailleurs il tenait moins à donner son avis qu'à se conformer à celui des autres; c'était lui qui avait fait feu; il reparut, comme toujours armé de son fusil et tenant dans sa main droite le cadavre d'un magnifique chat-tigre. La peau de l'animal était fauve et mouchetée de larges taches d'un brun rougeâtre.

« Bravo, maître chasseur! s'écria le ministre; décidément nous te devrons la conservation de notre poulailler. Voilà un animal dont l'espèce est funeste aux volatiles de tout genre, et je t'engage à exter-

TOUT ÉTAIT OMBRE, FRAICHEUR ET VERDURE.

miner sans pitié ses camarades partout où tu pourras les rencontrer. Sans compter que sa peau est très belle et nous fournira des gaines et des ceinturons magnifiques. »

Tandis qu'on expédiait Ernest à la recherche des matériaux nécessaires à la construction d'un fourneau, les deux aînés suppliaient leur père de leur apprendre à écorcher leur chat-tigre. La bête clouée contre un arbre par les pattes de derrière, le ministre déclara qu'il s'agissait d'enlever la peau sans la lacérer. « Les cuisses, ajouta-t-il, pourront fournir des manches de couteaux d'une grande beauté, et par conséquent dignes de figurer à côté des riches couverts d'argent dont la perte du navire nous a faits les dépositaires. »

Pour chasser les idées pénibles que le souvenir si récent du naufrage éveillait en lui, le digne homme se mit à examiner de plus près les arbres magnifiques dont les racines énormes formaient comme des ouvertures en ogive au-dessus de sa tête. C'étaient presque tous des arbres à figues que l'on appelle des *mangliers*. L'espèce était savoureuse, à en juger par les grimaces joyeuses du petit singe, qui se jeta aussitôt avec vivacité sur les beaux fruits que le ministre venait de cueillir.

La capture du porc-épic, que nos colons furent étonnés de voir acclimaté en pareil lieu, promettait d'abord un bon rôti, puis un bel assortiment de grosses aiguilles. L'ingénieuse imagination de M. Arnold trouva encore un autre emploi aux pointes dont l'animal était hérissé. Il proposa d'en garnir les colliers des chiens, qui de la sorte seraient mieux protégés contre les attaques des bêtes féroces; il pensa qu'on pourrait également se servir de ces dards, aigus comme des baïonnettes, en guise de pointes de flèches.

Comme le dîner n'était pas prêt, on se mit à préparer les aiguilles en trouant les têtes des dards avec des pointes de fer que l'on fit préalablement chauffer à blanc. Mais un événement qui pouvait avoir des suites funestes ne tarda point à venir interrompre les travailleurs. Comme on plaisantait la bonne madame Arnold sur le surcroît de besogne qu'une aussi bonne provision d'aiguilles allait lui imposer, on entendit la voix du petit Ernest, qui s'était éloigné pour aller cueillir des fleurs : il poussait des cris de détresse. Tous accoururent et virent avec effroi un long serpent à sonnettes qui ondulait à travers l'herbe; ses longs anneaux étaient d'un jaune rougeâtre; l'animal faisait mine de fuir. Fritz, toujours armé de son fusil, l'atteignit d'un coup de crosse et fut assez heureux pour l'abattre. Le serpent, agonisant, ne tarda point à mourir. Mais pendant qu'il se débattait dans les dernières convulsions, on s'aperçut que le pauvre petit Ernest avait été mordu à la jambe. L'enfant, devenu livide, venait de s'évanouir dans les bras de sa mère. Madame Arnold ne perdit point sa présence d'esprit, appliqua résolument ses lèvres sur la plaie et suça le venin qui en sortait. M. Arnold savait que cette précaution était sans danger pour la mère, mais qu'elle était peut-être insuffisante pour l'enfant: aussi se hâta-t-il de cautériser la plaie au moyen d'un fer chauffé à blanc.

L'enfant était sauvé, et ce sujet de préoccupation une fois écarté, on s'occupa d'arranger un gîte dans les branches des arbres géants. Mais il fallait du temps pour s'y organiser convenablement. Pour le moment, on construisit une sorte de tente faite avec de la toile à voile que l'on étendit autour des énormes racines en forme d'arche sous lesquelles la famille tout entière pouvait trouver place. Comme mesure de précaution contre l'invasion des serpents et autres reptiles, on brûla l'herbe dans un circuit de 500 mètres.

Il fallait du bois pour les échelons de l'escalier qu'il était indispensable de construire entre les rochers. Mais les petites planches éparses sur le rivage manquaient de solidité, et, faute de matériaux convenables, on allait renoncer à ce travail, lorsqu'on imagina de se servir des cannes de bambou qui se trouvaient à demi ensevelies dans le sable. Aidé de ses enfants, le pasteur les dégagea de ce limon, et les coupa en morceaux de quatre à cinq pieds de long, qu'il divisa ensuite en trois paquets, pour pouvoir les porter plus aisément. Tous allaient s'en retourner, lorsqu'ils aperçurent dans le lointain un large buisson vert; ce buisson, qui pouvait fournir de l'osier, paraissait sortir d'un marécage.

« Allons voir ce que c'est, » dit le père. Ils se mirent en marche, leurs fusils toujours chargés, selon leur habitude, et précédés de Bill. La chienne, qui sentait du gibier, se précipita vers le buisson, d'où l'on vit aussitôt sortir une nuée de flamants. Fritz coucha en joue les traînards, et en abattit deux. L'un tomba mort, mais l'autre, qui n'était que légèrement blessé à l'aile, se releva et se mit à courir de toute la vitesse de ses longues pattes, semblables à des échasses. Fritz, dans son empressement à ramasser sa proie, s'était enfoncé jusqu'aux genoux dans la vase. Or il s'agissait non seulement d'emporter le mort, mais de rattraper le blessé, qui s'enfuyait et se serait probablement dérobé à toute poursuite sans l'intelligence de la grosse chienne, qui parvint à le saisir par le bout de l'aile. M. Arnold vint à son aide et s'empara de l'oiseau. Revêtu de son magnifique plumage nuancé de plusieurs teintes de rose, il était

UNE NUÉE DE FLAMANTS SORTIT DU BUISSON.

vraiment superbe. M. Arnold laissa les enfants admirer le flamant et se mit à couper deux roseaux. « C'était, disait-il, pour mesurer la hauteur de l'arbre géant. » Les enfants se mirent à rire, disant que dix de ces roseaux les uns au bout des autres atteindraient à peine la plus basse des branches. Le père leur conseilla de ne point former de jugements prématurés, et leur rappela l'histoire des poules que tous, d'un commun accord, avaient déclarées imprenables. Les enfants avaient les petits défauts de leur âge; mais, comme au fond ils étaient tous bons et bien élevés, ils comprirent qu'ils avaient mieux à faire que de critiquer les actions de leur père, et ils s'empressèrent autour de lui pour l'aider à terminer sa besogne. Outre les paquets, il fallait se charger du cadavre du flamant mort, et du flamant blessé, l'un et l'autre assez lourds. Fritz se chargea du flamant blessé, et, toujours ingénieux, imagina de fixer l'autre sur le dos de la chienne.

Ce fut dans cet équipage que nos colons revinrent à leur second logis, où l'arrivée du nouveau pensionnaire à plumage rose provoqua un plaisir médiocre. Madame Arnold ne se trouvait pas « assez riche » pour nourrir ce qu'elle appelait « des bêtes de luxe ». Mais son mari la rassura, disant qu'il était tout à fait inutile de s'occuper de la nourriture du flamant, qui vivait principalement de poissons et d'insectes. « Il ira à la pêche pour son compte, » ajouta M. Arnold ; puis il examina l'animal, dont la blessure lui parut légère. Il le pansa avec un mélange de vin et d'huile pareil à celui dont il est question dans la Bible à propos de la parabole du bon Samaritain. Pour l'empêcher de s'enfuir, on lui attacha ensuite à la patte une ficelle assez longue pour lui permettre de se promener et de se baigner dans le ruisseau voisin.

Le souper n'étant pas encore prêt, M. Arnold s'assit sur l'herbe, et se mit à fabriquer un arc et des flèches avec les cannes de bambou et les roseaux que l'on venait de trouver au bord de la mer. Ces bambous et ces roseaux étant trop légers, l'ingénieux ouvrier trouva le moyen de les alourdir avec de la terre mouillée ; alors il demanda à sa femme une pelote de ficelle.

« Ce n'est donc pas un arc pour de bon ? » s'écrièrent les enfants. Pendant que leur père s'amusait à fabriquer une arme, ils étaient venus faire cercle autour de lui.

Le père, trop absorbé par sa besogne pour répondre, attacha alors la pelote de fil à l'une des flèches, puis, par un vigoureux effort, la décocha de façon à l'envoyer par-dessus l'une des branches les plus fortes, entraînant le fil avec elle. Il attacha à l'extrémité une corde plus forte et, en mesurant son fil, reconnut que la branche était à une hauteur de quarante pieds. Fritz, qu'il avait envoyé mesurer la provision de cordes, était revenu avec cette provision tout entière. Il y en avait environ deux cent quarante pieds, c'est-à-dire plus qu'il n'en fallait pour fabriquer l'échelle de corde dont notre architecte avait besoin pour grimper entre les branches de l'arbre. On tendit à terre deux morceaux de corde parallèles ;

ON BRULA L'HERBE DANS UN CIRCUIT DE 500 MÈTRES.

on laissa entre eux un intervalle d'un demi-pied. Puis, ayant coupé des bambous par morceaux de deux pieds, on introduisit ces morceaux dans des nœuds disposés de pied en pied le long des deux cordes, et on les y fixa à l'aide de gros clous bien solides.

L'échelle, longue de quarante pieds, fut bientôt prête, et l'on en attacha l'extrémité à l'un des bouts de la ficelle qui pendait de la branche ; en tirant l'autre bout, on put élever l'échelle jusqu'à la branche, et par conséquent monter à volonté sur l'arbre. Ce furent des cris de joie parmi les enfants ; chacun voulait être le premier à faire l'essai de l'échelle. Mais il fallut obéir au père, qui réserva ce plaisir au moins pesant de tous. Le petit Jack, qui était maigre comme un chat de gouttière et agile comme un écureuil, ne se fit pas prier deux fois pour monter à l'arbre. Il n'eut garde de dégringoler et ne mit pas deux minutes à atteindre le sommet de l'échelle. L'opération ayant réussi à souhait, Fritz monta à son tour, muni des instruments nécessaires pour consolider l'échelle contre l'arbre ; ensuite on fixa contre le tronc la poulie qui devait servir à soulever les matériaux indispensables à la construction d'une maison aérienne.

En somme, la journée avait été bonne. L'excellent dîner que la ménagère avait préparé avec la chair du porc-épic vint à point pour réparer les forces des convives. Des figues recueillies par les enfants composèrent le dessert. On but un coup de vin, on récita un bout de prière, on visita les environs ; puis, comme tout le monde bâillait, on se décida, un peu à contre-cœur, à grimper dans les hamacs. La fatigue du jour amena promptement le sommeil.

CHAPITRE V

La nuit fut agitée. A peine nos gens eurent-ils fermé les yeux qu'ils les rouvrirent, réveillés par un mélange de bruits singuliers. Des hurlements, des miaulements, des gémissements, venaient se mêler au bruit de la mer et produire une sorte de concert vraiment diabolique. Mais ce n'était rien en comparaison de la scène effrayante dont tous devaient être témoins dans la matinée. On avait fini par s'endormir. Tout à coup bêtes et gens furent réveillés par un cri épouvantable. M. Arnold se précipita sur son fusil, suivi de ses fils, tous également déterminés à protéger leur père.

Quel spectacle ! A l'endroit où l'herbe recommençait au delà du cercle tracé par le feu, qui couvait encore, un monstrueux serpent luttait avec un tigre de l'espèce du tigre royal. Le superbe animal ouvrit sa gueule sanglante, et, couvert de bave, écumant, enfonça ses crocs dans la chair du serpent, qui essayait d'enrouler autour de lui ses anneaux multiples. Sur un signe du père, toute la famille était venue assister à ce spectacle aussi terrible que grandiose.

« C'est le naja ! » s'écria M. Arnold. Des acteurs vivants représentaient la scène que l'on voit souvent peinte dans les foires sur les baraques des montreurs d'animaux féroces. Le serpent, arc-bouté sur sa queue, qu'il tenait enroulée autour d'un tronc d'arbre, s'efforçait d'étreindre, d'étouffer le terrible adversaire qui déchirait sa chair, et semblait vouloir se dégager de cet affreux embrassement par un saut désespéré.

Les chiens eux-mêmes reculaient, épouvantés par ce spectacle.

Mais tout à coup un changement se fit dans l'aspect du tigre. Son front et ses naseaux, contractés par la douleur, redevinrent lisses ; ses yeux s'éteignirent ; il fit un dernier effort pour terrasser le serpent, puis, fléchissant, demeura bientôt immobile.

Le reptile avait triomphé. A la vue du tigre terrassé et étendu sans vie sur le sol, les chiens reprirent courage et s'élancèrent sur le serpent, qui s'apprêtait à dévorer sa proie ; mais il l'abandonna, en se sentant serré de près par de nouveaux adversaires. A demi écorché et dépecé par leurs morsures, il essayait de se raccrocher à l'arbre, afin de se jeter de là sur eux ; mais M. Arnold, le couchant en joue, l'acheva en lui envoyant une balle dans la tête.

La lutte était finie, et il ne restait plus qu'à s'emparer des dépouilles superbes et qui ne devaient point tarder à trouver leur emploi. On se mit aussitôt à construire la cabane aérienne, en commençant par le plancher, pour lequel on se servit des branches mêmes de l'arbre.

On les égalisa soigneusement, on entre-croisa dans les intervalles de petites planches lisses et plates. Vers midi, il ne restait plus qu'à fabriquer les murs et la toiture. Les branches qui couronnaient l'arbre ne suffisant point pour former cette toiture, Fritz proposa de recouvrir le tout avec les peaux réunies du léopard et du tigre, suspendues à dix pieds au-dessus du plancher de la cabane ; ces peaux fourniraient un abri excellent, et formeraient un baldaquin d'un effet superbe. Le toit édifié, il fallut s'occuper des murs, et l'empressement que chacun mit à s'acquitter de sa part de besogne prouvait combien on avait à cœur de passer une nuit tranquille. Les planches à demi pourries que l'on avait recueillies sur le bord de la mer étant, pour la plupart, des épaves dont on ne pouvait se servir, on imagina de retourner au massif de bambous, pour se procurer de quoi construire des murs qui, malgré leur légèreté apparente, étaient très solides, et formaient une espèce de treillage entièrement tapissé et comme capitonné de toile à voiles. Une ouverture ménagée dans le treillage forma l'entrée et permit d'emménager avant la nuit tout ce qu'on avait apporté de literie et de meubles. Comme on pouvait écarter la voile par places, non seulement on avait vue sur les environs, mais encore on pouvait braquer le canon d'un fusil de tous les côtés de la maisonnette. Une portière, faite d'un morceau de tapis rapporté du navire, ajouta aux agréments d'un asile cette fois sûr, et dans lequel il était désormais permis de se livrer aux douceurs d'un sommeil paisible.

Le reste de la soirée fut employé à façonner la table de bois rus-

LE SERPENT S'EFFORÇAIT D'ÉTOUFFER SON TERRIBLE ADVERSAIRE.

tique sur laquelle les repas seraient servis les jours ordinaires; avec addition d'un banc, c'était un centre de réunion commode et agréable pour la famille aux heures du crépuscule. Ce n'était pas tout : il fallait loger le bétail et l'on imagina de mettre l'écurie à l'endroit où l'on avait campé la nuit précédente, c'est-à-dire sous les racines gigantesques des arbres. Mais Rome n'a pas été bâtie en un jour ; cette écurie non plus, dont le plus méticuleux des fermiers se fût accommodé avec plaisir, et dans laquelle l'âne, la vache et le reste du bétail trouvèrent un abri sûr et confortable. Le rez-de-chaussée avait son agrément, mais le bonheur de la famille résidait dans l'intérieur de la petite cabane où tous se trouvaient le soir après les peines et les fatigues du jour.

Dès le premier jour, les enfants avaient compris la nécessité de s'associer au travail de leurs parents et de les soulager dans la mesure de leurs forces.

Ils y réussissaient à souhait ; mais si le travail avait sa douceur, le repos avait la sienne aussi. Quelle joie innocente dans ces jeunes cœurs quand le retour du dimanche promettait un jour de fête! car la vie de nos exilés avait des fêtes, qui étaient peut-être plus solennelles et plus graves que les nôtres.

CHAPITRE VI

Un des premiers dimanches, l'office récité (car le digne M. Arnold tenait beaucoup à conserver dans l'île déserte les bonnes et salutaires traditions du monde habité), les enfants reçurent selon l'usage la permission de se livrer à leurs occupations favorites. Je me sers à dessein du mot occupations, car les devoirs et même les plaisirs se modifient selon la position des personnes, et ce qui peut en certaines situations paraître un travail, peut passer pour un jeu dans certaines autres. Aussi, après les rudes travaux de la semaine, était-ce pour les enfants un amusement et même un délassement d'apprendre, sous la direction de leur père, toutes sortes de petites industries utiles. Par exemple, nettoyer des os de chacal pour en confectionner des ustensiles de ménage, tailler un arc et des flèches étaient autant de petits talents qui pouvaient devenir extrêmement précieux si jamais on venait à manquer de poudre pour la chasse, d'étoffes pour les vêtements et de fourchettes pour la table. Car la ménagère, avec l'idée de la restituer un jour à ceux qu'elle considérait comme les propriétaires, avait soigneusement serré l'argenterie trouvée à bord et ne voulait point entendre parler de la faire servir aux usages journaliers de la table. Chacun s'occupait donc à sa manière. L'un fabriquait de petits ustensiles de ménage, un autre lisait, un autre avait pris un fusil, disant qu'il rapporterait du gibier pour le dîner, car le dîner menaçait d'être maigre pour un dimanche. Enfin l'on formait de grands projets pour la journée : par exemple, on devait rendre visite au magasin d'approvisionnements. Un coup de fusil parti d'un taillis voisin fit supposer que le gibier promis venait d'être abattu. Néanmoins on était loin de se douter que le coup de fusil qu'on venait d'entendre n'était que le début d'un épisode de chasse des plus émouvants. Plutôt chassé que chasseur, Ernest venait de faire feu sur une laie environnée de ses marcassins. La laie, se sentant atteinte, avait fait d'abord une retraite savante; elle reparut tout à coup avec toute sa bande, qui enveloppa le jeune chasseur comme dans un cercle. Il tira son second coup de fusil, mais par malheur il ne réussit qu'à casser la patte au robuste animal. A demi mort de

LA LAIE REPARUT AVEC TOUTE SA BANDE.

frayeur, le jeune chasseur avait pris la fuite et s'apprêtait à recharger son fusil, quand la laie, prête à fondre de nouveau sur lui, abandonna sa proie pour échapper à la poursuite des chiens que l'on venait de lancer sur elle. Quoique mortellement blessé, l'animal était encore plein de vigueur et il aurait probablement éventré les chiens sans le sang-froid de M. Arnold. Tirant son grand couteau de

CE JOUR-LA NOS AMIS RESTÈRENT LONGTEMPS A TABLE.

chasse, le pasteur le tendit en avant et la laie vint s'enferrer d'elle-même.

Le dîner était assuré non seulement pour ce jour-là, mais encore pour longtemps. Il s'y ajouta même un supplément fort délicat : Jack venait de tuer une paire d'oiseaux qui se trouvèrent être des ortolans, c'est-à-dire ce qu'il y a de plus fin en fait de gibier.

Quel charmant petit dîner, gai, copieux, succulent ! et quel appétit ! Ce jour-là, nos amis restèrent longtemps à table, parlant tour à tour cuisine et géographie, arrangements d'intérieur et affaires d'État. Car, après s'être entendus sur la manière dont ils saleraient la laie et prépareraient une provision d'ortolans conservés, ils passèrent à un sujet moins prosaïque. Ils convinrent de chercher des noms pour désigner les différentes parties de l'île. C'était indispensable. Non seulement on avait aujourd'hui deux établissements, l'un au bord de la mer et l'autre dans l'intérieur des terres, mais encore des souvenirs rattachés à certains endroits auxquels il pouvait paraître opportun de donner un nom topique. La baie où ils avaient abordé fut nommée la *baie du Salut*. La première habitation, celle qui servait aujourd'hui de magasin aux provisions, reçut le nom de *Zeltheim;* l'île qui était dans la baie fut appelée l'*île du Requin*. Enfin il y eut le *marais du Flamant*, le *ruisseau du Chacal*, la *baie de l'Espoir trompé*. Tous ces noms rappelaient certaines courses remplies d'aventures et dignes par conséquent de figurer dans le mémorial de la colonie.

On hésita un peu avant de donner un nom définitif au lieu de campement actuel de la famille ; finalement on opta pour la dénomination un peu pompeuse, mais juste, de *Falkenhorst*, « nid du faucon ».

Comme le soleil était encore dans toute sa force, il était impossible de songer à quitter le logis avant le soir. Le dîner achevé, Fritz retourna à ses couverts, et Jack songea à son projet de fabriquer pour Turc une sorte de cotte de mailles faite de peau de porc-épic ; à l'abri sous cette cuirasse sûre, le chien serait désormais en état de soutenir les attaques des bêtes féroces et même de lutter avec avantage. Le premier effet de son déguisement fut de provoquer une hilarité générale, car la chienne, habituée à courir après son compagnon, s'éloigna de lui, en poussant des cris lamentables, et la cuirasse du pauvre chien effraya bien davantage le petit singe qui, ayant pris goût à l'exercice de l'équitation, s'était horriblement piqué en s'élançant sur sa monture. Il fit un bond de côté, et courut se réfugier sur Bill, la chienne, qui ne fit pas d'objection.

Le soir approchait, et nos colons se mirent en marche, précédés de Turc dans sa cotte de mailles et du petit singe, qui, juché sur le dos de la chienne, se donnait des airs d'importance, et semblait conduire le cortège. Un troisième compagnon, le flamant, fuyant la société des garçons qui se plaisaient à le tourmenter, recherchait celle de leur père, qui respectait la douceur de l'inoffensif animal et ne troublait jamais la gravité de ses allures.

Cette promenade, qui dès le début promettait d'être charmante, fut marquée par une découverte des plus importantes, celle d'un champ de pommes de terre; quelques-unes déjà mûres permettaient de juger de l'excellente qualité du tubercule. Néanmoins la joie causée par cette découverte s'effaça presque devant la magnificence du paysage éclairé par le soleil couchant. Même en se rappelant les paysages de leur patrie alpestre, nos promeneurs ne se souvenaient pas d'avoir jamais assisté à un spectacle aussi grandiose. Des rougeurs semblables à celles des feux de bengale, tantôt violettes et tantôt roses, enveloppaient un paysage où toute la magnificence des serres chaudes d'Europe s'épanouissait sur le flanc brûlé des rochers, au bord d'une mer dont le bleu vif tranchait avec la couleur sombre des forêts lointaines. Il y avait là des ananas, des caratas, ou arbres à amadou, bref, de quoi réveiller mille souvenirs scientifiques chez M. Arnold, qui voulut aussitôt les mettre à profit pour l'instruction de ses enfants. Mais les petits gourmands se montrèrent cette fois inattentifs à la leçon et préférèrent se jeter sur les ananas, un fruit qu'ils ne con-

ANANAS.

naissaient que de vue et dont la saveur leur parut délicieuse. Jack survint, tenant un fruit tout couvert d'insectes d'un beau rouge. Le petit bonhomme venait tout simplement de mettre la main sur le *Cactus opuntia*, plus communément connu sous le nom de figuier de Barbarie, un arbrisseau dont les figues, couvertes d'épines comme la peau du porc-épic, sont excellentes à manger et possèdent la propriété précieuse d'attirer la cochenille. Les enfants connaissaient tous le nom de l'insecte qui, séché et bouilli, donne la plus riche des teintures, mais ils ignoraient celui du caratas, autrement dit arbre à amadou, et furent très surpris lorsque leur père, ayant détaché l'écorce extérieure de l'une des tiges, l'alluma en battant le briquet. De plus les filaments des feuilles fournissaient un excellent fil à coudre. Le temps pressait, car en ces contrées chaudes la nuit suit promptement le coucher du soleil, et il fallut se remettre en marche pour pouvoir atteindre de jour Zeltheim, où l'on avait laissé les provisions de beurre, de farine et de sel. On ajouta à celles qu'on emportait une paire d'oies et une paire de canards; les cris sauvages de ces volatiles se mêlant aux aboiements des chiens produisaient une cacophonie étrange qui contribua beaucoup à égayer le retour.

CHAPITRE VII

Une claie bien conditionnée est un objet fort commode pour le transport de certaines denrées, surtout pour celles qui se trouvent renfermées dans des caisses ou des tonnes, et M. Arnold, toujours ingénieux lorsqu'il s'agissait de simplifier un travail, avait imaginé d'en construire une. Les communications entre le magasin aux provisions et la maison d'habitation en devenaient à la fois plus fréquentes et plus faciles. La tente était comme une sorte d'entrepôt où l'on remisait les barils de bons vins, les sacs de farine, les tonneaux contenant le fromage et le beurre. Aujourd'hui ces petites excursions n'étaient plus comme au début, des expéditions pénibles, mais d'amusantes promenades que l'on faisait parfois à deux, souvent à l'insu les uns des autres, selon l'impulsion ou les besoins du moment, presque toujours sans préparatifs, et tout à fait à l'improviste. Un matin, le pasteur, ayant constaté qu'il manquait au logis plusieurs choses nécessaires, réveilla son second fils, tandis que le reste de la famille dormait encore du plus profond sommeil.

Le grison et la vache furent attelés à la claie, et la chienne Rill, qui folâtrait dans les herbes, reçut l'ordre d'accompagner la petite troupe. Pour faciliter le passage de la claie, les deux voyageurs prirent par le bord de la mer ; arrivés à la tente, ils dételèrent la vache et l'âne et se mirent en devoir de rassembler les différents objets dont ils avaient besoin.

A peine de retour, M. Arnold et Ernest ayant manifesté l'intention de repartir tout de suite pour le magasin aux provisions et peut-être de là pour le vaisseau naufragé, le dîner fut moins gai que de coutume.

Mais la perspective de demeurer longtemps dans l'île faisait aux naufragés une obligation d'accumuler toutes les ressources dont on pouvait disposer. Un projet qui tendait à abréger la durée de ces séparations et même à les rendre désormais inutiles, égaya la fin du dîner. Fritz eut l'idée d'abandonner le canot dont on s'était servi jusque-là et de construire un radeau pour amener les marchandises, disant que, si les poutres étaient trop pesantes, des planches clouées sur des tonneaux et des barils solides pourraient tenir lieu d'un de ces flotteurs faits de peaux de moutons et de chèvres dont les Indiens se servent pour traverser de larges fleuves.

Tout en devisant de la sorte, nos voyageurs parvinrent à l'endroit où ils avaient débarqué. Ils n'y trouvèrent aucun changement. On détacha les animaux, et l'on enleva les premières planches du pont pour prévenir la fuite des bêtes. Ayant pris un bain et fait une petite provision de sel, nos deux voyageurs montèrent dans le canot, atteignirent la baie du Chacal, celle du Salut, et de là naviguèrent sans accident jusqu'au lieu du naufrage. Le canot ne pouvait supporter un chargement considérable. Il s'agissait cette fois sérieusement de construire un moyen de transport solide et sûr. Les tonneaux destinés à contenir l'eau douce se prêtaient merveilleusement à cet emploi. On les vida, on les reboucha, puis on les jeta à la mer, après les avoir cloués ensemble. Le tout fut surmonté de planches solides.

Il ne s'agissait plus que de charger cette embarcation, qui rappelait un peu celles dont les Indiens se servent pour transporter leurs marchandises. Nos voyageurs, leur travail achevé, s'en retournèrent explorer les cabines. Celle du capitaine contenait un coffre rempli d'objets dont quelques-uns n'étaient pas sans valeur. Il renfermait entre autres une cargaison de montres, de chaînes, de bagues, de boucles d'oreilles, le tout évidemment destiné à être vendu ou donné. Une autre caisse, ferrée comme un coffre-fort, contenait une grosse somme en doublons et en piastres. Il y avait encore une certaine quantité de jolis couverts qui, sans être en argent, avaient fort bon air, et pouvaient servir à ménager ceux du capitaine. D'autres caisses contenaient des instruments aratoires; il y avait aussi des paquets de semences, de graines, puis, soigneusement emballés dans de la paille, une douzaine de petits arbustes et plants destinés à des essais de culture européenne, poiriers, pommiers, pêchers, abricotiers, marronniers et vignes. On découvrit encore tout un matériel de forgeron, puis, avec des instruments pour moudre le blé, une scie mécanique démontée; mais comme les pièces étaient numérotées, on pouvait facilement la reconstruire.

Comme on pouvait craindre qu'une nouvelle tempête n'engloutît d'un jour à l'autre ce qui restait du navire, M. Arnold résolut de négliger les objets de luxe et de commencer par transporter les objets les plus utiles.

Il emporta tout d'abord le fer, le plomb, le blé, les outils, les arbres fruitiers. Puis il se mit en mesure de charger dans le canot une charrue, des roues, et finalement tout ce qu'il fallait pour la reconstruction d'une voiture. Des sacs de provisions, de blé, d'avoine, de pois et de maïs complétèrent le fret de l'embarcation. Fritz se chargea en outre d'un assortiment complet d'outils de pêche, de filets de toute sorte, et même d'un harpon à pêcher la baleine.

Le chargement terminé, il parut prudent de songer au retour.

Le retour s'effectua sans accident, mais non sans peine, car ce n'était pas une petite affaire que de diriger les deux embarcations reliées par un câble, si l'on songe que nos deux aventuriers n'avaient pas la moindre notion de la science du marinier.

Le vent les favorisa.

Les voiles se gonflèrent, la mer était calme. Comme l'embarcation approchait du rivage, Fritz vit flotter à quelque distance un corps assez volumineux. Il pria son père de prendre la lunette d'approche. Vérification faite, l'objet se trouva être une immense tortue qui dormait à fleur d'eau et se laissait tranquillement bercer au soleil par la vague. Fritz demanda à voir l'animal de plus près. Le père était au gouvernail; la voile déployée l'empêchait de voir ce que faisait Fritz, quand tout à coup il entendit le sifflement du dévidoir. Presque au même moment Fritz poussa un cri de joie.

« Touchée! elle ne nous échappera pas, » s'écria le jeune homme. Il avait adroitement et bravement harponné l'animal. La tortue, blessée au cou, entraînait l'embarcation avec rapidité. Le père voulut s'élancer pour couper la corde, mais Fritz, justement fier de son adresse, le pria de ne point laisser échapper cette belle proie. Il fut convenu que l'on couperait la corde au premier soupçon de danger. Mais l'animal, sentant que le vent soufflait vers la côte, ne tarda pas à changer de direction et à nager vers la terre. La côte de Falkenhorst était proche, et la tortue était déjà comme échouée sur le sable.

M. Arnold sauta dans l'eau, et d'un coup violent lui abattit la tête. Un coup de feu tiré en l'air ne tarda pas à avertir la famille. Tous accoururent avec des cris de joie, et ce fut à qui se jetterait le premier au cou des voyageurs. Madame Arnold éprouva un saisissement dans lequel entrait certainement beaucoup d'orgueil maternel quand Fritz raconta son dernier exploit. Il avait déployé autant d'adresse que de courage en frappant la tortue dans la partie du cou qui, pendant le sommeil de l'animal, reste en dehors de la carapace.

TORTUE DE MER.

Ernest et Jack étaient allés chercher les bêtes de somme attelées à la claie sur laquelle on charriait les bagages. A eux seuls, la tortue et les matelas pesaient trois quintaux. Le reste de la cargaison demeura sur le rivage hors de l'atteinte de la mer, et les embarcations furent ancrées avec des masses de plomb enfoncées dans le sable. Le retour fut gai. On avait maintenant de quoi s'intaller avec un certain confort et retrouver ses habitudes européennes. La trouvaille d'une caisse dans laquelle il y avait des bijoux et des piastres excita la curiosité des enfants. L'un réclama une montre pour savoir l'heure sans la demander; l'autre de l'argent pour s'amuser le jour de la fête.

A l'idée d'une foire, où les marchands viendraient débiter leurs marchandises dans des baraques recouvertes de toile, tous se mirent à rire de bon cœur.

Arrivé à Falkenhorst, M. Arnold se mit en devoir de dépouiller la tortue de son écaille. Il découpa des morceaux de chair, priant sa femme de les faire griller pour le souper. Cependant chacun des enfants demandait l'écaille. Le père répondit que Fritz y avait les premiers droits.

« En résumé, qu'est-ce que tu comptes en faire ? lui demanda-t-il.

— Je pensais, répondit Fritz, à en faire un bassin que l'on placerait près du ruisseau, et où l'on trouverait toujours de l'eau fraîche.

— A la bonne heure, voilà un projet utile, » reprit M. Arnold, et il ajouta qu'il faudrait le mettre à exécution dès que l'on serait parvenu à se procurer de la terre glaise.

Coïncidence merveilleuse : Jack, glissant sur un corps onctueux, avait découvert le matin même une couche d'argile. Rien ne s'opposait donc plus à la construction du bassin, et même Ernest, qui faisait volontiers le savant, déclara que, le bassin installé, il y planterait certaines racines qu'il venait de découvrir. Il croyait que c'étaient des raves ou du raifort, mais le ministre, qui se connaissait en botanique et avait étudié celle des pays d'outre-mer, reconnut la racine du manioc, avec laquelle, dans les Indes Occidentales, on fait une espèce de pain, appelé cassave. On ne pouvait toutefois employer cette racine qu'après lui avoir fait subir une préparation destinée à lui enlever certains principes vénéneux.

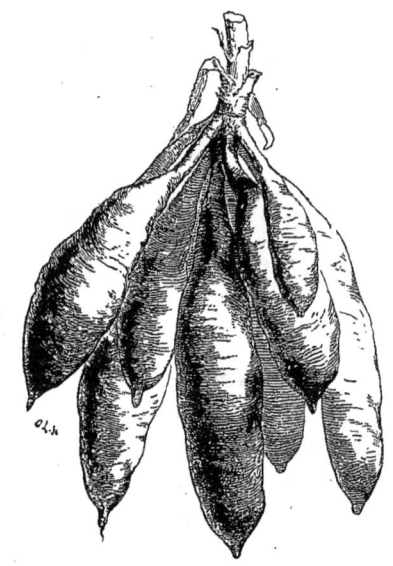

RACINE DE MANIOC.

Le déchargement du traîneau continuait à s'opérer. Comme le souper était loin d'être prêt, on avait le temps de retourner aux tentes pour recharger la claie.

Pendant le trajet, Fritz demanda si la tortue n'était pas de celles dont l'écaille sert à fabriquer des peignes, des broches, des tabatières. M. Arnold le détrompa.

« La tortue dont tu veux parler, lui répondit-il, se nomme *caret* et la chair n'est point comestible. »

Il lui enseigna comment on s'y prend pour enlever la partie supérieure de l'écaille, qui est transparente et reçoit un très beau poli.

Entre autres objets utiles, nos voyageurs emportèrent tout d'abord le moulin à bras que la découverte du manioc allait rendre extrêmement utile.

Madame Arnold vint à leur rencontre le visage épanoui et toute souriante. Pendant l'absence des siens, elle avait, elle aussi, mis la main sur un objet d'une certaine valeur, un petit baril de vin des Canaries qui était venu s'échouer à la côte. Ce vin, aussi délicieux que rare, devait apparaître au dessert du festin dont la tortue formait le fond. Les convives mangèrent et burent de tout leur cœur, de si bon cœur même que M. Arnold crut prudent de mettre son tonneau en sûreté. La gaîté un peu bruyante des enfants avait sa source dans le tonneau de vin des Canaries.

Une petite allusion aux gens qui ne savent pas demeurer dans les limites de la sobriété les rendit tout honteux. Ils se consolèrent à la vue des matelas sur lesquels ils pourraient désormais s'étendre. A peine couchés, ils s'endormirent.

CHAPITRE VIII

Tout dormait encore dans la maison; le ministre déjà levé se disposait à commencer sa besogne. Les matelas étaient si bons et la fatigue si grande, que M. Arnold put aller au campement et en revenir avant le réveil des siens. En fermier bien entendu, il avait eu soin de laisser la vache tranquille; il eût été imprudent de la fatiguer avant qu'elle eût donné son lait; il s'était contenté d'emmener les chiens et l'âne.

Les deux embarcations laissées à sec par la marée basse n'avaient point souffert. M. Arnold chargea médiocrement le baudet qui avait encore à travailler, et retourna en hâte à Falkenhorst pour rassurer les siens par sa présence. Il les trouva encore endormis et dut frapper plusieurs fois contre le tronc de l'arbre pour se faire entendre.

Enfin la tête de madame Arnold parut au-dessus du petit balcon de bois rustique.

« Paresseux que nous sommes! s'écria-t-elle. C'est la faute des bons matelas. Nous n'étions plus habitués à autant de bien-être, et nous avons dormi comme des gens qui n'ont rien à faire.

— Voilà comment l'excès du bien-être amène la mollesse, » répliqua gaîment le père, et il monta pour secouer les quatre gamins, qui refermaient les yeux et feignaient de ne point entendre.

Il fallut pourtant se lever. Fritz mit de l'amour-propre à être promptement debout. Les autres suivirent son exemple. Seul le petit Ernest ne pouvait se décider à quitter le bon lit, où, disait-il, il aurait voulu dormir jusqu'au soir.

« Dors donc pendant que nous allons gagner notre vie; fais le fainéant pendant que ton père et tes frères vont travailler pour te rapporter à manger! »

La réprimande fit son effet, et si Ernest avait été le dernier à quitter sa couche, il n'en fut que plus prompt à secouer le reste d'engourdissement qui le dominait encore.

Les agréments d'un bon lit servirent de sujet de conversation pendant le déjeuner. Toutefois on se dépêcha, afin d'achever le transport des objets qui étaient restés sur la côte. On put faire ce jour-là deux voyages en très peu de temps, et comme la marée commençait à atteindre les deux embarcations, M. Arnold jugea qu'il serait prudent de les diriger sur la baie de la Délivrance, où elles seraient moins exposées que sur la plage de Falkenhorst.

Il renvoya sa femme, ses enfants, et attendit avec Fritz, dans le bateau de cuves, que l'eau fût assez haute pour que l'on pût se mettre en mer. Au moment de partir, ils aperçurent le petit Jack qui les regardait d'un œil d'envie. M. Arnold ne vit aucun inconvénient à l'emmener.

« Allons, dépêche-toi, » lui dit-il en lui faisant signe de venir les rejoindre. L'enfant s'empressa d'accourir. On leva l'ancre par un temps superbe, ce qui contribua à modifier les projets de M. Arnold. Il pensa que, le navire pouvant être submergé d'un jour à l'autre, il fallait profiter de ce beau temps pour le visiter une dernière fois. Jack était si heureux qu'il en frappait ses mains l'une contre l'autre. Il pariait qu'il y découvrirait un trésor, et, coïncidence bizarre, cette prévision enfantine se trouva presque justifiée, quand, parvenu au navire, le petit garçon appela son frère pour lui montrer une sorte de caisse assez grande et formée par des planches clouées l'une contre l'autre. Cette caisse se trouva contenir une pinasse démontée avec tous ses agrès, et même deux petits canons.

La trouvaille était précieuse; seulement le jour baissait et M. Arnold prévoyait qu'on aurait fort à faire avant de lancer cette embarcation à la mer.

Il faudrait un autre voyage, et, pour aujourd'hui, on se contenterait d'emporter quelques ustensiles de ménage, chaudière, plats de fer, verres, assiettes. On prit aussi des râpes à tabac, une meule, un nouveau baril de poudre, plusieurs brouettes de diverses grandeurs. Le vent de terre qui s'élevait chaque soir obligea nos voyageurs à se presser.

Ils approchaient de la côte, quand ils aperçurent sur le rivage une infinité de petites créatures remuantes et sautillantes, qui paraissaient vêtues de blanc, et avaient l'air d'être venues là pour souhaiter la bienvenue aux voyageurs. Jack, qui jadis avait lu un extrait de voyages de Gulliver, prétendit que c'étaient des Lilliputiens.

Rien de comique comme les gestes de ces petits bonshommes qui contemplaient les navigateurs avec curiosité et d'un air presque amical. La perspective du merveilleux, l'idée de rencontrer les êtres fabuleux ou fantastiques dont leurs contes les entretiennent à un grand prestige sur l'imagination des enfants. Fritz, qui avait l'esprit positif et trouvait que les inventions les plus ingénieuses des conteurs semblent pauvres dès qu'on les compare aux merveilles de la création, se moqua de la crédulité de son petit frère. Il haussa légèrement les épaules.

« Voilà, dit-il, des bras qui ressemblent joliment à des ailes. »
Il prit sa longue-vue et reconnut que la petite troupe se composait de ces oiseaux singuliers qu'on nomme pingouins. Ces oiseaux sont presque difformes par la disproportion de leurs membres ; ce sont sans doute de bons nageurs, mais à terre ils ont l'air gauche et emprunté. Comme ils ne marchent qu'avec peine, à cause de la conformation de leurs pattes, ils ne se sauvèrent point à l'approche des bateaux et Jack lui-même, qui pour les atteindre plus tôt avait sauté dans l'eau armé d'une rame, ne leur inspira pas grande frayeur.

Il s'escrima de sa rame au hasard, et plusieurs pingouins furent renversés. Ils se laissèrent lier, tandis que les autres, enfin arrachés à leur indolence, se jetèrent à l'eau pour échapper au sort de leurs camarades.

Il ne fallait plus songer à décharger les bateaux à une heure aussi avancée et l'on se contenta de mettre dans les brouettes ce qu'elles pouvaient contenir. On y avait placé des râpes à tabac, quelques ustensiles de cuisine, avec les pingouins dont M. Arnold songeait à enrichir sa basse-cour.

Madame Arnold avait aussi sa petite surprise, une provision de pommes de terre et de racines de manioc récoltées le matin même.

Le petit Frantz prit un de ces airs mystérieux que prennent les enfants quand ils sont sur le point de dévoiler un petit secret.

« Nous mangerons bien autre chose que des pommes de terre ! » dit le petit bavard, et il raconta que, pendant l'absence de papa, sa mère avait semé des graines de maïs et d'avoine, planté des melons et des courges.

M. Arnold embrassa sa femme. « Tu es une digne et courageuse créature, » lui dit-il. — La nuit était venue. « Allons nous reposer, reprit le ministre, demain il faudra que nous soyons prêts de bonne heure. Pas de voyage, ni même de promenade dans l'île. Il y a un métier à apprendre. »

Les enfants, très curieux de savoir ce que leur père allait leur enseigner ce jour-là, ne dormirent point la grasse matinée. Ils poussèrent des cris de joie quand ils apprirent qu'il s'agissait de cuire du pain, en d'autres termes d'organiser une boulangerie en règle.

Jack fit remarquer qu'on avait ni farine ni four. Mais M. Arnold avait prévu l'objection.

« Les plaques en fer que nous avons prises hier sur le navire pourront remplacer le four, » dit-il. Il entra ensuite dans une explication fort intéressante sur les propriétés de la racine du manioc, et sur l'usage qu'en font les peuples sauvages. La tâche de madame Arnold consista à fabriquer un sac avec de la toile à voile. Quant aux enfants ils eurent à râper les racines de manioc qui venaient d'être lavées dans l'eau froide,

On commençait à comprendre l'utilité des râpes à tabac. L'idée du ministre ne soulevait, il faut en convenir, aucun enthousiasme parmi les siens. L'un disait que l'on allait avoir un plat de son magnifique, l'autre prétendait qu'on n'avait jamais vu faire du pain avec des raves. Madame Arnold elle-même semblait manquer de confiance.

« Ne vous tourmentez pas, dit-elle, je tiens mon plat de pommes de terre en réserve ! » Le père se contentait de sourire d'un air fin.

« Notez bien, dit-il, que sur les trois espèces de manioc que nous pouvons rencontrer, deux sont vénéneuses, et que c'est justement de celles-là dont nous allons nous servir pour faire notre pain.

— Tu tiens donc à te débarrasser de nous, papa ? » demanda Fritz.

M. Arnold lui répondit en lui tirant l'oreille.

« Il y a, dit-il, un moyen bien plus simple pour se servir impunément du manioc, c'est de le presser, une fois réduit en farine, entre des linges pour en extraire le suc. La farine débarrassée de ce suc devient excellente, aussi saine que possible. D'ailleurs, ajouta-t-il, nous en ferons goûter aux poules et même à maître Knips avant d'y goûter nous-mêmes. »

Tout le monde travaillait avec ardeur; il y eut bientôt assez de farine; on la versa dans le sac préparé par madame Arnold, puis, ayant solidement ficelé ce sac, on procéda à l'extraction du jus au moyen d'un arrangement aussi ingénieux que simple. Le sac posé sur une sorte de plancher dressé au pied de l'arbre fut recouvert d'une planche sur laquelle M. Arnold plaça un levier dont l'une des extrémités passait sous la racine, et l'on suspendit à l'autre bout du levier des pierres, des poids et autres objets pesants. Le jus se mit à couler abondamment; la farine fut bientôt dégagée de toute humidité et les enfants pressèrent leur père de commencer à faire le pain. Mais celui-ci persista dans sa résolution et déclara que la farine, pour aujourd'hui, ne servirait qu'à cuire un gâteau destiné au singe et aux poules.

On lui donna la forme d'une galette de pain, et la couleur comme l'odeur en étaient si appétissantes, que les enfants voulaient absolument y goûter.

C'était un concert de voix suppliantes. Mais le père ne se laissa point attendrir. « Attendons l'avis de maître Knips, » leur dit-il.

L'avis de maître Knips fut tel qu'on pouvait l'attendre d'un gourmand. Il jugea à propos de dévorer non seulement sa propre part, mais aussi celle des poules. Il était trop tard pour cuire une seconde galette, et l'on dut se contenter d'un gâteau de pommes de terre qui faisait honneur à la cuisinière.

Pendant le déjeuner, M. Arnold recommanda de nouveau à ses enfants de ne jamais rien manger qui leur fût inconnu. Il insista sur l'aspect attrayant du fruit du mancenillier qui devait mûrir abondamment sur ces côtes et donnait la mort à quiconque commettait l'imprudence d'y goûter.

Le déjeuner terminé, on alla visiter les poules qui picoraient gaîment autour de maître Knips. Maître Knips n'avait point l'apparence d'une victime. Évidemment, on pouvait en toute sécurité se mettre aux travaux de boulangerie. Chacun reçut, avec sa tâche, l'ustensile qu'il lui fallait pour s'en acquitter. Les enfants étaient si heureux, que tout alla bon train. Brasiers, pétrins, tout cela fut arrangé et disposé en un clin d'œil.

Dans l'ardeur du travail, des goûts artistiques se révélèrent : on confectionna des galettes qui eurent la prétention de représenter l'image du soleil, d'autres qui visaient simplement à reproduire une face grimaçante, celle de Pierrot ou de Polichinelle. Ce musée d'objets d'art gastronomique fut cuit à point et ne tarda pas, par conséquent, à se convertir en un pain excellent. Émietté dans du lait ou dans du bouillon, c'était presque une friandise. Les enfants prétendirent n'avoir jamais rien mangé d'aussi bon et les animaux se jetèrent avec avidité sur les débris des gâteaux brûlés ou mal réussis. Le succès était complet.

CHAPITRE IX

L'idée de remonter la pinasse et de la lancer à la mer préoccupait sérieusement M. Arnold. Sans doute c'était une entreprise considérable et dont le ministre ne pouvait se tirer à lui seul. Mais si l'on réussissait, quel secours ! M. Arnold jugea qu'il ne fallait point remettre l'exécution d'un travail auquel on pourrait devoir le salut de l'avenir ; il décida qu'il partirait dès le lendemain pour le navire, accompagné des trois aînés de ses enfants. Quant à madame Arnold, elle déclara que pour être plus près des siens, et placée de façon à surveiller leurs mouvements, elle quitterait Falkenhorst et viendrait s'établir momentanément à Zeltheim. Là les hommes, leur journée faite, pourraient aisément venir manger et dormir, ce qui leur permettrait d'accomplir le grand œuvre sans leur imposer une séparation complète.

Ils partirent de bonne heure, munis des vivres nécessaires, et, aussitôt arrivés, ils se livrèrent à un examen minutieux de la pinasse.

M. Arnold reconnut avec plaisir que chacune des parties portait un numéro au moyen duquel la reconstruction devenait sinon facile, du moins possible. Le grand obstacle consistait à la tirer de l'espace étroit où elle était renfermée pour la lancer à la mer ; il fallait travailler sur place et remettre le reste à la grâce divine.

« Aide-toi, le ciel t'aidera, » pensa M. Arnold.

Le premier jour n'amena aucun progrès notable dans cette rude besogne, et fut principalement employé à démolir la cloison de planches qui enfermait les différentes pièces de la pinasse. Mais la reconstruction du petit bâtiment avança rapidement les jours suivants et l'on put espérer qu'elle serait terminée au bout de la semaine. La pinasse, qui possédait un gréement complet, était d'une structure légère; avec son petit tillac et son extérieur goudronné, elle avait le meilleur air. Deux petits canons assujettis à l'arrière ne nuisaient certainement point à son aspect, et tout eût semblé parfait si l'on avait su comment s'y prendre pour lancer le bâtiment à la mer.

Chacun proposait son moyen, mais on se heurtait contre des difficultés insurmontables. Nos charpentiers commençaient à perdre courage quand une idée d'une hardiesse extrême se présenta à l'esprit de leur chef. Sans communiquer à ses fils son projet, qui les aurait peut-être effrayés, M. Arnold se mit à fabriquer une machine. Le mécanisme, d'ailleurs assez simple, consistait en un énorme pétard au moyen duquel il serait peut-être possible de lancer la pinasse. Il se procura un mortier de fer, une forte planche à laquelle il fixa des crochets de fer, et, ayant pratiqué une rainure dans la planche, y plaça une mèche à canon assez longue pour pouvoir brûler plusieurs heures. Il mit de la poudre dans le mortier et le recouvrit de la planche dont les crochets de fer se rabattirent sur les anses du mortier. Puis, ayant hermétiquement fermé toutes les jointures avec du goudron, il suspendit le mortier dans l'enceinte du bâtiment. Au moment de repartir pour Zeltheim, M. Arnold mit le feu à la mèche; la petite troupe venait à peine de toucher la côte, qu'on entendit une détonation terrible. Madame Arnold jeta un cri d'épouvante et regarda dans la direction du navire.

« On dirait, s'écria-t-elle, que le bâtiment va sauter. Le feu doit être à quelque baril de poudre. »

Au bout d'un moment, tout redevint calme. Aussitôt les enfants manifestèrent le désir d'aller voir ce qui s'était passé; cependant madame Arnold, qui redoutait une nouvelle explosion, ne voulait point entendre parler de les laisser partir. Mais au sourire un peu mystérieux de son mari elle comprit qu'il n'y avait point lieu de se tourmenter.

« Allons, dit la pauvre femme, qui, elle aussi, s'efforçait de sourire, emmène-les et ramène-les-moi bien vite. »

Nos mariniers remontèrent dans le bateau de cuves, et la curiosité qui stimulait le zèle des rameurs abrégea la durée du voyage. Par prudence, on n'aborda qu'après avoir fait le tour du navire.

Il n'en sortait ni flamme ni fumée; mais, fait étrange pour les jeunes gens, qui ne se doutaient de rien, la pinasse se présenta tout à coup à leur vue, couchée sur le côté, au milieu d'une ouverture immense.

Ils poussèrent un cri de désespoir croyant que c'en était fait de la pinasse, et, devant les débris dont la mer était couverte en cet endroit, ils ne comprenaient rien à la gaieté du ministre. L'heureuse idée du père, qui s'empressa de leur expliquer l'expédient dont il s'était servi, leur parut un trait de génie. Le plus difficile était fait, et nos marins, réunissant leurs efforts, achevèrent l'œuvre commencée.

A l'aide du cric, ils purent faire glisser la pinasse sur des rouleaux placés sous la quille. Une dernière secousse, et le petit navire se balançait gracieusement sur les eaux, fier comme un bâtiment de guerre, avec ses canons, ses pistolets, ses fusils, sa provision de poudre. Les enfants, que la témérité de leur âge disposait aux grandes entreprises, projetèrent aussitôt une série d'expéditions héroïques. M. Arnold jugea à propos de jeter un peu d'eau froide sur cette belle ardeur.

« Nous pourrons nous estimer trop heureux, dit-il, si nous ne trouvons point à faire l'essai de nos forces militaires. »

Restait à gréer le navire, c'est-à-dire à le garnir de ses mâts et de ses voiles. Mais le soleil baissait, et il fallut ajourner ce travail au lendemain. Comme on voulait se donner le plaisir de ménager une surprise à madame Arnold, on convint que l'on garderait le secret sur les opérations du jour.

Quand tout fut prêt pour une entrée triomphale dans la baie de la Délivrance, M. Arnold donna le signal du départ; c'est lui qui tenait le gouvernail. Ernest et Jack étaient auprès des canons, qu'ils voulaient faire partir afin d'annoncer leur arrivée. Fritz manœuvrait la voilure. Le vent était favorable, et la pinasse, remorquant le bateau de cuves, glissait rapidement sur l'eau.

On approchait de la côte, lorsque Fritz, qui s'était réservé le commandement s'écria : « Numéro 1, feu! numéro 2, feu! »

Les rochers renvoyèrent l'écho d'une double détonation, alors le capitaine, c'est-à-dire Fritz, déchargea ses deux pistolets. L'air retentissait de joyeux hurrahs.

Madame Arnold, accompagnée de Franz, attendait sur le rivage.

« Vous m'avez fait peur, s'écria la bonne dame ; nous ne savions que penser en entendant vos décharges d'artillerie. Je me demandais déjà où je cacherais notre petit Franz en cas de danger. Mais aussi comment s'attendre à un retour si bruyant ! C'est digne d'un conte de fées. Votre navire est charmant, il me semble que sur une pareille embarcation je n'hésiterais point à me confier de nouveau à la mer. Enfin, vous êtes de vrais magiciens, et je vous félicite sincèrement de votre adresse. »

Naturellement on alla visiter la pinasse ; le nom d'*Élisabeth*, qui était celui de madame Arnold, avait été inscrit au-dessus de la porte de la cabine du capitaine.

« Ce bâtiment porte ton nom, » dit Fritz, qui faisait les honneurs du bâtiment à sa mère. Madame Arnold l'embrassa, toute fière d'avoir un pareil mari et de pareils fils.

« Les femmes, dit-elle, ne sauraient rivaliser d'activité et d'énergie avec les hommes. Néanmoins elles font ce qu'elles peuvent, et tout à l'heure vous verrez que votre mère n'est pas restée les bras croisés pendant votre absence. »

A peine débarqués, elle les conduisit du côté où le ruisseau du Chacal forme une cascade. Là, dans le voisinage des eaux, un petit jardin potager étalait ses carrés et ses plates-bandes. Madame Arnold y avait semé des laitues, des choux, des pois, des fèves et des pommes de terre. Elle n'avait pas oublié les graines de melon, ni les racines de manioc, et avait pris soin de couper ses plantations par des cordons de maïs, précaution utile sous ce soleil brûlant et dans un terrain privé d'ombre.

Pour tout remerciement, M. Arnold serra la main à sa femme. Mais les larmes qui brillaient dans les yeux du digne ministre disaient assez combien il était touché du courage, des prévenances, des attentions sans nombre de cette bonne et vaillante ménagère.

Toutefois, dans le cours de cette vie si occupée, on n'avait pas le temps de s'attendrir longtemps : il fallait retourner à Falkenhorst, ne point négliger les pépinières d'arbustes et s'occuper des animaux que l'on avait laissés dans le voisinage de cette jolie demeure.

CHAPITRE X

La famille y retourna aussitôt que la pinasse fut déchargée et mise à l'ancre. C'était un samedi, veille du jour consacré au repos, aux jeux, aux distractions amusantes. M. Arnold voulait qu'après avoir travaillé de toutes leurs forces, ses enfants fussent libres de jouer à leur aise; il cherchait cependant à utiliser ces jeux en vue de la santé, et même de l'adresse et de l'agilité si nécessaires à des gens qui ne pouvaient compter que sur eux-mêmes. Par exemple, pour manœuvrer la pinasse il leur était presque indispensable de faire de la gymnastique. Pour se perfectionner dans leur métier de matelots, les enfants s'essayaient à grimper après un cordage. Leur père attacha deux balles de plomb à l'extrémité d'une longue corde : ce qu'il fabriquait là, c'était un lasso. Avec le lasso les Mexicains et les Patagons parviennent à s'emparer des animaux les plus forts et réputés les plus indomptables. Des cavaliers intrépides qui se servent de cette arme primitive et redoutable partent en chasse, montés à poil sur un cheval rapide. Quand ils aperçoivent l'homme ou l'animal qu'ils veulent capturer, ils piquent des deux, et, passant au galop, lancent le lasso après lui avoir imprimé un mouvement de rotation au-dessus de leur tête. Les lanières tendues, rencontrant un obstacle, s'enroulent par l'élan des balles, et l'animal, arrêté dans sa course, tombe, les jambes embarrassées, au pouvoir des chasseurs.

Les enfants, on l'a vu, se laissaient volontiers séduire par tout exercice qui demande de l'adresse et de l'agilité. Ils firent aussitôt l'essai de cette arme singulière sur un petit tronc d'arbre; la corde s'enroula si bien autour de l'arbre que l'on résolut de se perfectionner dans ce système de chasse. Car, tout en offrant de nouveaux moyens de défense, il pouvait ajouter aux ressources du ménage.

Une sorte de tempête retint nos colons prisonniers pendant plusieurs jours; ils en profitèrent pour examiner ensemble l'établissement qu'ils venaient de fonder. Il y avait le pigeonnier, le verger, le département consacré aux salaisons et aux conserves : conserves d'ortolans, de grives, bref, toute une provision des denrées les plus recherchées et les plus friandes.

Le lendemain, une partie de campagne amenait toute la petite société au bois des Calebasses, c'est-à-dire à l'endroit charmant où la nature offrait spontanément tout ce qu'il faut pour faire des bols, des plats, des assiettes. La petite troupe se composait de son personnel ordinaire : l'âne, chargé des munitions; Turc, recouvert de sa cotte de mailles; ensuite les enfants, armés de toutes pièces; M. Arnold, sa femme, et, comme arrière-garde, Bill, la chienne, montée par Knips. Grâce à Fritz, l'intrépide chasseur, la monotonie de l'expédition fut rompue par une aventure. Tandis que ses parents finissaient le tour du marais du Flamant, derrière lequel on découvrait une belle plaine, l'aîné des fils Arnold s'était écarté, accompagné de Turc. On entendit un coup de feu, et l'on vit tomber un grand oiseau. Cet oiseau, légèrement blessé, s'enfuit au moment où le chasseur étendait la main pour le prendre. D'un même élan alors et comme de concert, les chiens coururent après le fugitif. Ils le rattrapèrent bientôt, mais l'oiseau était de force à se défendre, et distribuait de vigoureux coups de bec et de pattes à droite et à gauche.

M. Arnold put s'en emparer en lui jetant un mouchoir sur la tête. L'animal cessa de se débattre; on lui lia les ailes et les pattes. Ernest reconnut alors que c'était une oie outarde; il avait vu l'image de cet oiseau dans son recueil d'histoire naturelle. Ce qui caractérise cet oiseau, c'est qu'il a les ailes fort courtes. Comme cette outarde ne portait pas de moustaches, on supposa que c'était une femelle. On convint de l'emporter pour essayer de la domestiquer, si toutefois elle pouvait guérir de sa blessure. Une fois qu'elle serait accoutumée à la basse cour, le mâle viendrait infailliblement l'y rejoindre : ce serait une bonne aubaine pour la petite ferme.

Après avoir attaché l'animal sur le traîneau, on se dirigea vers le bois des Singes. Pendant le trajet, Fritz raconta à ses frères comment une première fois les singes, décidés à repousser l'invasion des hommes, les avaient, lui et son père, reçus à coups de noix de coco.

On était arrivé.

FORÊTS DE COCOTIERS.

« Les beaux fruits ! » s'écria Ernest, qui s'était arrêté au pied d'un arbre et contemplait d'un œil d'envie les immenses noix de forme ovoïde.

On le plaisantait sur sa gourmandise, lorsqu'un fruit, tomba, comme à point nommé, à ses pieds.

OUTARDES.

La noix semblait fraîche, pleine, excellente à manger. Ernest se mit à rire. Il prétendait que, personne n'ayant secoué l'arbre, la chute de la noix était un fait surnaturel.

« Si sorcier il y a, le tien est bien avare, riposta Fritz; il ne lui en aurait guère coûté de faire tomber six noix au lieu d'une. »

La chute de deux autres noix aussi fraîches et en apparence aussi solidement attachées que la première arracha un cri de surprise à toute l'assistance. On entoura l'arbre, et, en regardant de plus près, on ne vit pas sans terreur un être en quelque sorte monstrueux qui s'apprêtait à descendre le long du tronc. Tout d'abord il y eut un mouvement de recul. L'animal, de forme arrondie, armé comme un crabe de deux effroyables pinces, était vraiment horrible à voir. Jack seul paraissait d'humeur à braver l'étrange et menaçant animal; mais le coup qu'il essaya de lui asséner frappa malheureusement à côté et n'atteignit que le tronc de l'arbre. Le monstre, implantant ses serres dans l'écorce, descendait rapidement. Jack frappa un second coup, mais sans plus de succès ; son adversaire, se laissant choir à terre, marcha, les pinces entr'ouvertes, vers son agresseur.

« Voilà que tu me défies! Attends, vilain monstre! » s'écria le petit héros. Il faisait mine de vouloir lutter corps à corps avec l'affreuse bête. M. Arnold était enchanté de voir son fils si courageux.

Il allait néanmoins lui recommander d'être prudent, quand on le vit se débarasser de sa gibecière, ôter sa veste, et lancer le vêtement sur l'animal, qui se trouva subitement aveuglé et incapable de poursuivre la lutte. Le vaincu était un crabe à cocos : c'est le nom que l'on donne à ce singulier crustacé qui habite le cocotier et se nourrit de préférence des fruits de cet arbre. Comme il était désormais sans défense, on put le terrasser en l'assommant. Ensuite on l'examina de près. C'était certainement un des animaux les plus laids de la création et aussi des plus grotesques.

Après avoir bu quelques gorgées du lait qui désormais ne leur était plus disputé par le crabe, nos colons chargèrent son cadavre sur la claie et se remirent en marche. Ernest marchait en avant, muni d'une hache, à l'aide de laquelle il abattait tout ce qui pouvait faire obstacle. Au bout d'un quart d'heure, on parvint à l'endroit plein de fraîcheur que Fritz et son père désignaient sous le nom de bois des Calebasses. On commença par faire provision de courges, puis, quand on jugea la provision suffisante, on leur donna les formes les plus diverses. Jamais bazar ne présenta à l'acheteur une variété plus originale de plats, de vases, d'écuelles. On confectionna jusqu'à des paniers à œufs et des vases à égoutter le fromage.

Tandis qu'on se livrait à la fabrication de ces objets de ménage, deux des enfants conçurent l'idée de faire cuire le crabe en chauffant l'eau comme le font les sauvages, avec des cailloux rougis au feu. L'idée en elle-même était bonne; par malheur on manquait d'eau. Pourtant M. Arnold se rappelant qu'à sa première visite en cet endroit il avait cru entendre le murmure d'une source, ce fut à qui se chargerait de la découvrir. Cette ardeur ne fut pas récompensée et les quatre enfants, dispersés dans quatre directions différentes, songeaient à aller rejoindre leurs parents, quand ceux-ci, qui continuaient, assis à l'ombre, à façonner des courges, entendirent tout à coup la voix de Jack. Presque au même moment, il accourut, rouge d'émotion, et raconta tout essoufflé par la rapidité de la course, qu'il venait d'apercevoir un crocodile. Le père se mit à rire.

« Un crocodile dans un endroit où il n'y a pas d'eau, voilà, dit-il, qui n'est guère vraisemblable! »

L'enfant, voyant qu'il était impossible de convaincre M. Arnold, lui proposa de le suivre, et bientôt tous deux arrivèrent à une sorte d'escarpement formé par de grands rochers. Là s'étalait en plein soleil, la queue énorme et toute verte, un lézard gigantesque.

M. Arnold reconnut aussitôt l'iguane, animal qui n'est dangereux qu'autant qu'on l'irrite, et dont la chair, fort recherchée des Indiens, a une saveur des plus délicates. Fritz, toujours dévoré par la passion de la chasse, s'apprêtait déjà à tirer sur le lézard, quand M. Arnold lui fit signe de s'arrêter. « Je crois, dit-il, avoir un moyen plus sûr pour nous emparer de lui. » Puis, ajoutant que l'animal, prompt comme l'éclair, s'enfuirait certainement si Fritz manquait son coup, il coupa une gaule dans le buisson. Il y attacha une ficelle terminée par un nœud coulant, et, tenant cet objet dans la main gauche, prit une baguette dans l'autre main, et s'approcha tout doucement du lézard qui dormait. Quand il fut à deux pas de lui, il se mit à la grande surprise des enfants, à siffler un air suisse. L'iguane s'éveilla, promena autour de lui ses yeux ravis; il semblait véritablement plongé dans une sorte d'extase. M. Arnold profita de cette extase pour lui passer au cou le lacet fatal.

L'animal était vaincu, et les enfants comme d'ordinaire émerveillés de l'habileté paternelle.

L'iguane pouvant être utilisé pour la table, M. Arnold le chargea sur son dos.

On revint vers madame Arnold, qui commençait à trouver l'absence des siens un peu trop prolongée. Mais la vue de l'iguane expliqua tout, et l'on se mit à plaisanter sur le compte de maître Knips, qui, selon son habitude, avait fait le gourmand et croqué quelques fruits que l'on avait nouvellement découverts. L'oie outarde

UN LÉZARD GIGANTESQUE S'ÉTALAIT AU SOLEIL.

n'ayant point tardé à imiter le singe, M. Arnold jugea qu'il ne pouvait y avoir ombre de danger à goûter de ces fruits, qui n'étaient autres que des goyaves, c'est-à-dire des fruits délicieux et très sains.

L'exercice et le grand air avaient développé des appétits qu'il eût été difficile de satisfaire avec des friandises. On renonça à cuire le crabe et l'on ouvrit tout de suite le panier dans lequel la prudente ménagère avait placé du vin, du pain, de la volaille et un morceau de viande. L'aspect d'une gourde pleine d'une eau limpide provoqua de véritables cris de joie, et le vin des Canaries, que l'on avait gardé pour le dessert, servit à porter des toasts fort éloquents en l'honneur du père et de la mère.

Le joyeux repas menaçait de se prolonger indéfiniment. Mais le jour baissait, et comme il ne fallait point songer à passer la nuit dans un endroit inconnu, la petite troupe, baudet en tête, repartit pour Falkenhorst, qui en quelque sorte était devenu la maison de ville, et parconséquent le domicile sérieux de la famille.

CHAPITRE XI

Le panier rempli de vaisselle confectionnée avec des courges était resté au bois des Calebasses. M. Arnold et Fritz y retournèrent le lendemain, et profitèrent de l'occasion pour explorer l'île. Le baudet et les chiens les accompagnaient. En traversant une forêt de chênes verts, ils rencontrèrent madame la truie ; elle avait jugé à propos de faire une promenade matinale, et déjeunait des glands répandus sur le sol. Fritz avait senti ses goûts de chasseur se réveiller à l'aspect de ce bois tout rempli d'oiseaux singuliers, et dont quelques-uns étaient superbes. Un geai huppé et deux perroquets, dont l'un était un grand ara rouge, vinrent tomber tout sanglants à ses pieds. Comme il rechargeait son fusil, il entendit un bruit étrange, pareil au roulement d'un tambour. Le père et le fils conçurent la même idée et supposèrent qu'ils allaient se trouver en face d'une bande de sauvages. A leur grande surprise et surtout à leur grande satisfaction, ils s'aperçurent qu'ils n'avaient point affaire à des ennemis, mais simplement à un superbe coq de bruyère transformé pour le moment en faiseur de tours. Perché sur un tronc d'arbre renversé, il semblait se donner en spectacle à une vingtaine de gelinottes qui faisaient cercle autour de lui et paraissaient prendre plaisir à contempler ses exercices bizarres. Tantôt l'animal tournait en cercle, hérissant son collier de plumes brillamment nuancées, tantôt à la manière du dindon il déployait sa queue en éventail, tantôt encore il battait des ailes et poussait des cris stridents. Au grand déplaisir de M. Arnold, qui se demandait comment cette scène finirait, Fritz, d'un coup habilement dirigé, abattit le coq et dispersa ses admiratrices. Cette fois le meurtre était au moins inutile, et M. Arnold en témoigna hautement son mécontentement à Fritz.

« A quoi bon, dit-il, tuer cet animal si beau et si inoffensif ?

Encore si nous manquions de provisions ; mais nous avons bien au delà du nécessaire, et pour longtemps. »

Fritz reconnut son tort, et si sincèrement que son père fit ce qu'il put pour lui rendre sa bonne humeur.

« Allons, ajouta-t-il, le mal est fait : n'y pense plus et ramasse ton gibier afin de pouvoir l'offrir à ta mère. »

Le coq fut placé sur le dos du baudet, et comme il était de bonne

ARA ROUGE.

heure, nos touristes se disposèrent à pousser un peu plus loin leur reconnaissance. Les racines et les arbustes qui encombraient la route la rendaient presque impraticable. Néanmoins de petits ruisseaux y entretenaient une certaine fraîcheur. Les pommes de terre et le manioc poussaient dans le voisinage, et plus loin, dans un épais fourré, on découvrait des arbustes dont les baies étaient revêtues d'une substance qui ressemblait à de la cire.

CES OISEAUX HABITENT TOUS ENSEMBLE LE MÊME NID.

« C'est l'arbre à cire, » s'écria M. Arnold et, comme il savait que cette cire a les mêmes propriétés que celle des abeilles, il en fit une ample provision et la plaça dans un sac auprès du coq de bruyère.

Un peu plus loin, nos voyageurs rencontrèrent une très intéressante colonie d'oiseaux bruns bariolés de blanc, à peu près de la taille de nos pinsons d'Europe. Ces actifs petits volatiles que les savants comprennent parmi les *Tisserins*, ont mérité le nom de *Républicains* à cause de l'entente qu'ils font régner dans leurs travaux en commun. Au lieu de se bâtir chacun leur nid, ils édifient à eux tous un vaste parasol qui entoure le tronc de l'arbre qu'ils ont choisi, et sous cet abri ils ménagent de petites cellules où chacun a sa demeure particulière. L'ensemble avait une apparence qui rappelait la forme d'une ruche ou plutôt celle d'une éponge gigantesque. Chaque trou formait l'entrée d'une cellule, et servait d'accès à l'habitation d'une famille ; en outre, de plus petites ouvertures ménagées dans l'épaisseur des compartiments donnaient accès à l'air et à la lumière. Dans leur allure affairée, ces singuliers oiseaux entraient et sortaient de leur nid sans se préoccuper de la présence de Fritz et de son père, et, loin de les fuir, ils paraissaient seulement attentifs à défendre l'accès de l'habitation commune contre une demi-douzaine d'ennemis représentés par des perroquets minuscules ; Fritz fut assez heureux pour capturer un de ces perroquets.

L'instinct particulier à ces oiseaux qui s'associent afin de construire et d'habiter une demeure commune amena l'entretien sur le compte des autres architectes du règne animal. On parla des abeilles, des fourmis, des castors et M. Arnold conta à ce sujet tout ce qu'il put se rappeler de leur vie et de leurs mœurs.

Tout en causant, ils gagnèrent la lisière d'un bois dont la physionomie leur parut inconnue. Entre autres arbres, Fritz en remarqua un dont le tronc crevassé laissait suinter une sorte de résine à demi figée. Il en prit un peu, et la voyant tour à tour, sous ses efforts, se tirer et se rétrécir, il se rappela les qualités de la gomme qui découle du caoutchouc, et devina qu'il se trouvait devant un de ces arbres. M. Arnold parut très content de cette nouvelle découverte, dont le résultat, disait-il, serait de procurer d'excellentes chaussures à la famille. Il ajouta que le procédé de fabrication était des plus simples, et consistait à recouvrir de couches successives de cette gomme le moule en terre qui devait lui donner la forme voulue. La masse une fois prise et figée à la fumée d'un feu destiné à la noircir, on casse le moule, et le caoutchouc, tout façonné pour l'usage, reste seul.

CHAPITRE XII

Le retour des touristes était comme toujours impatiemment attendu à Falkenhorst. Ils y arrivèrent avec le grison qui portait la vaisselle confectionnée au bois des Calebasses, et le petit perroquet dont chacun voulait se faire le professeur. Toutefois, comme c'était Fritz qui l'avait pris et rapporté à Falkenhorst, on comprit qu'il était maître de diriger l'instruction du perroquet et de lui apprendre tout ce qu'il lui plairait. La découverte du caoutchouc, grâce auquel tout le monde se voyait déjà solidement chaussé pour l'hiver, et celle de la cire, qui devait servir à l'éclairage des longues soirées tristes, furent également accueillies avec le plus grand plaisir. Les enfants étant très curieux de savoir comment leur père s'y prendrait pour faire de la bougie, celui-ci s'apprêta dès le lendemain matin à tenter un essai dont le succès pouvait assurer une grande ressource pour l'avenir.

Tout d'abord M. Arnold fit bouillir les baies dans une chaudière. La cire verte s'étant montrée à la surface du liquide, on la recueillit dans des vases que l'on plaça près du feu pour l'empêcher de se figer. Quand madame Arnold eut terminé les mèches qu'elle préparait avec du fil de grosse toile, son mari les trempa dans la cire liquide et les suspendit ensuite à l'air pour les faire sécher.

En renouvelant plusieurs fois la même opération, on obtint des bougies qui, sans doute, ne pouvaient faire concurrence à celles des grandes fabriques européennes, mais n'en semblèrent pas moins fort utiles à des personnes qui jusque-là s'étaient vues, faute d'éclairage, contraintes à se coucher avec le jour.

Rien n'encourage comme le succès; nos colons, voyant réussir toutes leurs entreprises, devinrent de plus en plus ingénieux et se procurèrent mainte petite douceur, comme, par exemple, du beurre.

Celui qu'on avait retiré du navire était du beurre conservé, et ne pouvait guère servir que pour la cuisine, mais il fallait songer à remplacer cette provision qui s'épuisait. Faute de baratte, on eut l'idée de se servir d'une des grandes calebasses; on y mit la crème qui se formait tous les matins sur les pots de lait; quand la calebasse fut aux trois quarts pleine et bien bouchée, on lui imprima un fort balancement dans un morceau de toile à voile. Au bout d'une heure, on y trouva une certaine quantité de beurre excellent, et qui ne laissait rien à désirer pour la finesse.

Un matin, tandis qu'on prenait le café accompagné de tartines de beurre, M. Arnold remarqua en riant qu'on devenait bien gourmand à Falkenhorst, et que, tout ce qu'on avait fait jusqu'à présent n'étant que simples jeux d'enfants, il fallait enfin songer à entreprendre quelque besogne sérieuse. Cette besogne, c'était d'arriver à construire un chariot pour remplacer la claie qui fatiguait les animaux et présentait une foule d'autres inconvénients. Les enfants prirent la chose presque en riant. Ernest alla jusqu'à prétendre qu'il ne fallait pas être grand sorcier pour construire une charrette; mais il changea de langage quand il fallut fabriquer les roues et assujettir les planches et l'on comprit quelle estime mérite le moindre ouvrier, quand il est laborieux, intelligent et habile.

A force de labeur et de recherches on parvint enfin à fabriquer ce fameux chariot qui, pour être lourd et informe, n'en devait pas moins être très utile pour le transport des récoltes.

Tandis que M. Arnold faisait le charron et le constructeur de voitures, les siens travaillaient avec ardeur à l'embellissement du coin de terre dont ils pouvaient à bon droit se considérer comme les maîtres.

Ils s'attachèrent surtout à embellir Zeltheim par la création d'une avenue d'arbres fruitiers, ceux dont les plants venaient d'Europe et mettaient comme un coin de la patrie sur l'aridité de la côte. Des châtaigniers, des noyers, des cerisiers devaient ombrager les bords du ruisseau du Chacal, et les ceps de vigne étaler leurs festons de feuilles dentelées entre les troncs des arbres. On réserva les arbres les moins délicats pour Zeltheim, et ce lieu aride ne tarda point à se transformer en une sorte de verger superbe, où le limonier, le citronnier, le pistachier, l'oranger, l'amandier fleurissaient à l'envi.

et promettaient d'abondantes récoltes. Une haie assez haute de plantes épineuses devait en outre protéger l'entrée du verger et celle des tentes contre l'invasion des bêtes féroces ou des animaux simplement nuisibles.

Au milieu de tous ces travaux, les vêtements s'usaient, et l'on se souvenait d'avoir vu parmi les objets demeurés sur le vaisseau des caisses de vêtements et de linge.

Par une belle matinée, la pinasse y transporta encore une fois nos voyageurs.

Outre les vêtements et le linge, ils s'emparèrent, par exemple, de tout ce qu'ils purent retrouver d'armes, même d'une batterie de pièces de quatre. Finalement, lorsqu'ils eurent emporté tout ce qui pouvait encore sembler utile ou nécessaire, M. Arnold manifesta l'intention de faire sauter la coque du navire, afin de recueillir les poutres et les planches que le vent pousserait à la côte.

Il suffit de placer dans la coque du vaisseau un baril de poudre où l'on pratiqua une ouverture dans laquelle on introduisit une mèche qui devait brûler durant plusieurs heures.

Quand tout fut prêt pour le départ, on mit le feu à la mèche et on s'éloigna à force de rames.

De retour à Zeltheim, M. Arnold proposa de porter le souper sur une pointe de terre d'où l'on pourrait assister à l'explosion du vaisseau. Cette explosion eut lieu après une heure d'attente, au moment où la nuit, qui dans ces contrées succède immédiatement au jour, obscurcissait déjà le paysage.

On vit paraître une grosse colonne de feu, puis l'on entendit un bruit formidable. Alors la causerie cessa, et l'on n'entendit plus que des soupirs étouffés au milieu du morne silence. L'explosion du bâtiment, en annonçant sa destruction complète, ramenait le souvenir de la patrie lointaine.

Chacun sentait se rompre le dernier lien qui le rattachait à l'Europe, et se demandait si, de tous ceux qui se trouvaient réunis là, un seul reverrait la terre natale.

Il fallut le repos de la nuit pour dissiper ces idées tristes; le lendemain matin, tous se réveillèrent plus gais et décidèrent de partir immédiatement, afin de recueillir ce que le vent aurait poussé d'épaves à la côte.

Entre autres débris, ils retrouvèrent avec grand plaisir des chaudières de cuivre que M. Arnold avait attachées à des tonnes pour les faire surnager. Ces chaudières avaient d'autant plus de prix que M. Arnold avait décidé d'établir une raffinerie de sucre.

Le soin de ramasser, de réunir et de classer les différents objets qui provenaient encore du navire employa plusieurs jours.

Pendant ce temps, la cane et une des oies couvèrent, et madame Arnold eut le plaisir de voir éclore une nichée de canetons et d'oi-

EXPLOSION DU NAVIRE

sons dont la gentillesse amusait tout le monde et rappelait les habitants emplumés de Falkenhorst.

Tous les arrangements relatifs à Zeltheim terminés, la famille s'empressa de retourner dans le joli domaine auquel les embellissements, dus au chargement du navire, avaient donné un aspect riant et confortable.

Comme on traversait l'avenue d'arbres qui conduisait à Falkenhorst, Ernest, l'homme prévoyant de la troupe, remarqua que la plupart des arbres étaient trop frêles pour se soutenir eux-mêmes.

Des cannes de bambou que l'on trouverait au cap de l'Espoir

trompé, seraient, disait-il, d'excellents tuteurs, et, tout en allant les chercher, on pourrait faire de nouvelles provisions de cire, et aussi recueillir des œufs de poule à collier pour les donner à couver aux poules européennes. Le père ne vit aucun inconvénient à transformer cette course en une partie de plaisir, et le lendemain, dès l'aurore, tous se mirent en route, munis de provisions de bouche et d'une bouteille d'un vin fortifiant. Le chariot traîné par l'âne et par la vache servait de voiture aux deux petits garçons, en attendant qu'il reçut un chargement plus considérable, et M. Arnold qui n'oubliait rien, surtout quand il s'agissait du bien-être de ses enfants, avait songé à emporter les cuissards et les brassards de peau de requin, objets qui avaient été fabriqués dans l'intention de leur faciliter l'ascension des arbres.

La caravane arriva bientôt près des arbres à cire. On fit ample provision de baies, puis on passa aux arbres à caoutchouc dont le liquide blanchâtre, obtenu par de larges entailles, fut reçu dans des écuelles apportées pour cet usage.

Le grand événement de la journée fut la découverte d'un site magnifique dont la beauté charma nos colons au point qu'ils songèrent un moment à abandonner Falkenhorst pour venir s'y établir. Des champs de cannes à sucre, des forêts de bambous et de palmiers s'étendaient jusqu'au bord de la mer; plus près, le regard s'arrêtant sur la baie de l'Espoir trompé découvrait, derrière de grandes cimes bleuâtres, d'immenses groupes de rochers abrupts et arides. Cependant, outre que l'installation de Falkenhorst était jolie et pittoresque, elle était sûre. La prudence conseillait d'y rester et, ne pouvant raisonnablement quitter un endroit où l'on se trouvait bien, on résolut de faire de celui-ci un but d'excursions champêtres et de parties de plaisir.

Ce point établi, on s'empressa de dételer les bêtes, et, tandis qu'elles broutaient l'herbe à l'ombre des palmiers, on distribua les tâches, confiant aux uns la récolte des cannes à sucre, aux autres celle des bambous destinés à servir de tuteurs aux arbres fruitiers. L'exercice, le mouvement éveilla bientôt l'appétit de nos jeunes gens. Il y avait bien là, tout au sommet des arbres, de magnifiques noix de coco qui aideraient à attendre patiemment le souper : mais comment mettre la main dessus?

Personne n'osait monter, et l'on se contentait de contempler les noix d'un œil d'envie, quand M. Arnold parut. Il portait les cuissards et les brassards dont j'ai parlé plus haut.

« C'est bien la peine, dit-il, que je me sois mis en frais d'imagination pour vous voir là, comme des poules mouillées, au pied de ces arbres. »

La raillerie fit son effet, et nos jeunes gens n'eurent pas lieu de le regretter quand, caparaçonnés de la peau de requin et aidés d'un nœud de corde ingénieusement combiné pour faciliter leur ascension, ils atteignirent sans trop de peine le faîte des cocotiers. De tous les garçons, Ernest seul avait refusé d'être de la partie, et, comme on le raillait de prélever sa part sur le butin sans être allé au feu, il prit l'air malin d'une personne qui s'apprête à confondre ses interlocuteurs. Puis, sans rien dire, il s'empara d'un ustensile tranchant, et tailla dans une coquille une fort jolie coupe. Ensuite, sans avoir l'air de remarquer que l'on admirait son travail, il se leva et prit gravement une pose d'orateur.

« Très honorable compagnie, dit-il, on n'est pas un poltron parce qu'on ne se soucie point de risquer sa peau pour une demi-douzaine de misérables noix de coco. J'ai mieux à vous offrir comme vous allez voir. »

Alors il s'approcha d'un palmier superbe, et, repoussant du geste les jambières dont on l'engageait à se munir, il enjamba vivement le tronc de l'arbre. L'agilité et la souplesse qu'il déploya pour monter jusqu'au faîte émerveillaient tous les spectateurs. Cependant, tandis que son père, tout surpris de son talent d'acrobate, lui recommandait d'être prudent, ses frères riaient de lui voir faire une ascension inutile. Au moment où l'on s'y attendait le moins, la tête du palmier vint tomber aux pieds de madame Arnold.

« Voilà un meurtre, » s'écria la bonne dame d'un ton indigné. Mais le jeune savant tenait sa réponse toute prête. « Mangez-en, et vous m'en direz des nouvelles, » répondit-il, et toujours juché sur le haut de son arbre, il tira de sa poche un flacon en verre.

« Ce diable d'enfant a tout simplement découvert le chou-palmiste, » dit M. Arnold d'une voix où vibrait l'orgueil paternel.

Non seulement il avait découvert le chou-palmiste, mais il était redescendu muni d'un flacon de la liqueur qui découlait de la blessure faite à l'arbre. Cette liqueur qui passe pour être très saine, parut agréable. On vida le flacon tout entier, et l'on profita de la circonstance pour boire à la gloire future du grand savant en herbe qui s'appelait Ernest.

On passa la journée fort gaîment; on reculait à l'idée de presser l'heure du souper pour s'en retourner à Falkenhorst, et, comme le trajet était long, M. Arnold proposa de remettre le retour au lendemain. On construirait une petite hutte de feuillage et de branches sèches; on étendrait des manteaux sur l'herbe, et l'on s'arrangerait ensuite le plus commodément possible pour dormir. Qu'on juge si la proposition fut bien accueillie!

Cependant la journée ne devait point se passer sans accident. Tandis que nos explorateurs travaillaient à la construction de la maisonnette, l'âne, qui jusque-là s'était comporté comme une personne honnête, partit en poussant des hi han! formidables. On courut, mais vainement après lui, et cette disparition attrista la fin de la journée. Avait-il senti le voisinage de quelque bête féroce, avait-il bondi sous la morsure d'une vipère? La nuit venue, on alluma pour plus de sûreté des feux autour de la hutte où la famille devait reposer. Le père, un peu inquiet ne dormait guère. Tout le monde fut sur pied de bonne heure, et, aussitôt après déjeuner, M. Arnold partit avec Jack pour se livrer à la recherche de l'âne.

Les traces de ses sabots, mêlées à des empreintes plus larges, parurent derrière le bois, sur une route sablonneuse qui conduisait vers une plaine immense. Des animaux de grande taille paissaient dans le lointain et, comme d'aussi loin il était impossible d'en distinguer l'espèce, nos touristes pensèrent que leur âne avait pu être tenté d'aller les rejoindre. On pouvait abréger la route en traversant un petit marais couvert de ces grands roseaux d'Amérique qui quelquefois atteignent jusqu'à trente ou quarante pieds d'élévation; M. Arnold n'hésita point à s'y engager; mais quelle ne fut pas sa frayeur en reconnaissant, à la sortie du marais, que la plaine était couverte de buffles. Le premier mouvement de M. Arnold, qui connaissait la férocité de ces animaux, fut d'entraîner son fils et de fuir.

Mais il se rassura un peu en voyant que leur présence, loin de jeter l'alarme dans le camp des buffles, ne semblait leur inspirer qu'une curiosité assez vive. Les choses changèrent malheureusement d'aspect quand les chiens se précipitèrent en aboyant au milieu du troupeau, le mirent en désarroi et provoquèrent une mêlée des plus terribles.

Les chiens, irrités par la résistance des buffles, qui s'efforçaient de les éventrer avec leurs cornes, se pendaient à leurs oreilles, les déchirant à belles dents, sans se laisser intimider par les mugissements de leurs adversaires. L'un d'eux, un tout jeune animal, venait d'être terrassé par l'un des chiens, qui le traînait tout sanglant vers M. Arnold, quand la mère du prisonnier, voyant sa progéniture en danger, se précipita à son secours. Cependant le chien ne voulait point lâcher sa victime et allait payer cher sa témérité, quand son maître visa la bête, et lui envoya une balle à travers le corps. Elle roula sur le sable, au moment où elle allait s'élancer sur Jack. Les autres buffles s'étaient enfuis, effrayés par la détonation. Nos promeneurs eussent été libres de reprendre leur chemin et de rester sur ce fait d'armes, mais M. Arnold songea que l'on pourrait dresser le petit buffle à remplacer l'âne fugitif ; il était donc important de le capturer. Le lasso, cette arme singulière dont Jack se servait très adroitement, fit ici son office. L'animal ne tarda point à s'embarrasser dans les nœuds de cordes et fut bientôt à la merci de nos colons. Ils lui mirent des entraves aux jambes et trouèrent la cloison de ses narines, afin d'y passer une corde pour le rendre docile et maniable. M. Arnold l'attacha solidement, et se mit à couper quelques bambous d'un diamètre convenable pour faire des moules à bougies.

Tandis que les deux chasseurs se remettaient en route, menant leur prisonnier par la corde, ils virent une nuée d'oiseaux de proie tourbillonner dans l'air, puis s'abattre sur le corps de la femelle morte. Ils s'empressèrent de fuir ce spectacle et pensaient en avoir fini, du moins pour ce jour-là, avec les scènes de carnage, quand, au détour d'une colline, ils virent leurs chiens s'emparer de la femelle d'un chacal. La pauvre bête, qui avait ses petits dans le creux d'un rocher, fut bientôt déchirée par les chiens, et les petits allaient partager le sort de la mère, quand Jack, s'interposant, parvint à en sauver un. Il était si joli, il avait un museau si fin et un poil si

LEUR PRÉSENCE NE SEMBLAIT LEUR INSPIRER QU'UNE CURIOSITÉ ASSEZ VIVE.

soyeux, que l'on n'hésita point à l'emporter pour essayer d'en faire un chasseur. Un palmier à feuilles piquantes, dont l'espèce parut propre à former des haies de sûreté, ne passa point inaperçu, et ce ne fut qu'assez tard, ce jour-là, que nos voyageurs, retenus à tout moment par l'aspect d'un objet intéressant ou utile, purent rejoindre le reste de la famille.

CHAPITRE XIII

Pendant leur absence, madame Arnold avait emmené le reste de la bande au cap de l'Espoir trompé. On se souvient du palmier dont Ernest avait coupé la tête. L'enfant prétendait que, non seulement il distillait un jus précieux et fournissait un mets excellent, mais que le sagou si recherché en Europe provenait de la moelle de cet arbre. On avait dû céder au désir du jeune savant qui avait voulu revoir son palmier, et, une fois là, s'était immédiatement mis à l'œuvre pour l'abattre. Naturellement, ses frères avaient dû l'aider dans cet important travail qui exige du temps, des forces et de l'adresse. Après en avoir entamé le tronc à coups de hache, et agrandi ces entailles au moyen d'une scie, ils avaient attaché une forte corde à la couronne de l'arbre, et avaient réussi à le faire tomber sans accident.

Le récit de cet exploit terminé, Fritz attira l'attention de son père sur un jeune oiseau de proie dans lequel M. Arnold crut reconnaître l'aigle de Malabar. « Il est, dit-il, de la famille des faucons, et l'on doit par conséquent pouvoir le dresser à la chasse. »

Fritz se promit bien de suivre le conseil de son père, et prit grand plaisir à examiner le jeune buffle. A la grande surprise de la famille, il paraissait déjà s'accoutumer à ses maîtres, et faisait actuellement preuve de bon appétit en dévorant une énorme augée de soupe composée d'un mélange de lait et de pommes de terre.

On soupa gaiement; on dormit bien, et le lendemain, quand M. Arnold voulut donner le signal du retour, il y eut des réclamations nombreuses. Comme Ernest insistait pour que l'on fît la récolte du sagou, madame Arnold appuya sa requête; cette récolte n'était pas une mince affaire. Il s'agissait de fendre le tronc d'un arbre qui n'avait pas moins de cinquante pieds de longueur; c'est une besogne des plus fatigantes et des plus pénibles. Tandis qu'on piochait à l'envi, M. Arnold décida qu'on se servirait des deux moitiés du tronc pour en faire des conduites d'eau, des canaux, partant du ruisseau du Chacal ; ces canaux aboutiraient au jardin potager et serviraient à l'arroser. Une des extrémités de l'arbre ayant été évidée et creusée pour servir d'auge, on y plaça la moelle que l'on arrosa abondamment, afin de pouvoir la pétrir. Dès qu'elle parut suffisamment manipulée, on attacha une râpe à tabac à l'un des bouts de l'auge, et la moelle que l'on pressait vivement contre les trous de la râpe, et qui se trouvait réduite en pâte, retombait de l'autre côté dans l'écuelle, donnant ainsi toute formée la substance qui, sèche, s'emploie et se vend sous le nom de sagou.

Le lendemain, au point du jour, on repartait pour Falkenhorst ; le buffle, qui avait été attelé au chariot avec la vache, était doux et docile. Quant aux sacs de baies et aux calebasses pleines de gomme, on les retrouva intacts à l'endroit où on les avait laissés la veille.

Comme nos touristes traversaient le bois des Goyaves, les chiens s'élancèrent à plusieurs reprises dans le fourré et en ressortirent en aboyant. On se crut devant l'antre de quelque bête sauvage, et l'on s'apprêtait déjà à la coucher en joue, quand l'un des enfants, qui s'était jeté à plat ventre pour découvrir la cause de cette alerte, poussa un éclat de rire. Il venait de découvrir la laie en train d'allaiter six jolis petits marcassins d'une huitaine de jours. On résolut d'emporter deux de ces animaux, et d'abandonner le reste dans les bois, où ils ne pourraient manquer de multiplier.

L'île était déjà devenue une sorte de seconde patrie pour la famille. Tous revirent avec bonheur le logis, et les animaux qu'ils avaient laissés à Falkenhorst firent de leur côté bon accueil à leurs maîtres.

Le retour n'en fut pas moins attristé par un accident qui coûta la vie au joli petit perroquet que Fritz avait rapporté. Le pauvre oiseau fut victime de l'aigle, que l'on avait pourtant attaché. Mais, de retour à Falkenhorst, on avait eu l'imprudence de lui ôter le bandeau qui lui couvrait les yeux ; il en avait profité pour attaquer le perroquet, le seul des oiseaux qui se trouvât à sa portée ; il le tua à coups de bec.

Dans le premier mouvement de colère, Fritz demanda la mort du meurtrier. Mais Ernest, qui désirait l'aigle, pria son frère de le lui céder en échange de son singe.

SAGOUTIER VINIFÈRE.

Un vent assez violent ayant soufflé sur la plage pendant quelques jours, on s'apprêta, dès le lendemain, à utiliser les tuteurs dont on s'était approvisionné, et la précaution parut bonne quand on s'aperçut des dégâts que la tempête avait faits parmi les plantations. La plupart des jeunes arbres gisaient, non pas brisés sans doute, mais renversés sur le sol; ils ne reprirent leur bonne apparence qu'après avoir été soigneusement redressés et liés au roseau destiné à leur servir d'appui.

Le travail auquel on se livrait donna lieu à un entretien relatif à la culture des arbres fruitiers. Fritz, qui ne laissait jamais passer l'occasion de s'instruire, voulut savoir si l'art du jardinier entrait pour quelque chose dans la beauté de ces arbres et dans la bonne qualité de leurs fruits.

Jack partit d'un éclat de rire. « Bon, s'écria-t-il, voilà Fritz qui s'imagine que l'on peut dresser un arbre, comme on dresse un singe. Pourquoi ne pas demander tout de suite si l'arbre peut apprendre à faire de beaux saluts et à offrir poliment de ses fruits aux passants?

— Voilà ce qui s'appelle parler à l'étourdie, répliqua M. Arnold. N'as-tu jamais entendu parler de l'églantier qui se transforme en rosier par l'art de l'horticulteur? Le perfectionnement, l'amélioration des plantes s'obtiennent par l'ente, la transplantation, la greffe, bref, par mille soins minutieux, par mille moyens qu'il serait trop long d'énumérer et dont l'ensemble constitue la science de l'horticulteur. »

M. Arnold leur apprit à cette occasion que la plupart des arbres fruitiers sont d'origine étrangère; par exemple, que l'olivier vient de la Palestine; le pêcher, de la Perse; le figuier, de la Lydie; l'abricotier, de l'Arménie; le prunier, de la Syrie, et le poirier, de la Grèce. Il ajouta que beaucoup d'autres se sont pour ainsi dire naturalisés dans nos pays, depuis si longtemps qu'on les y cultive.

Le travail terminé, vers midi, on retourna à Falkenhorst, où le chou-palmiste, précédé d'un excellent potage au sagou, figurait déjà sur la table.

Tandis qu'on mangeait, on causa d'un projet qui depuis quelque temps préoccupait nos colons, et consistait à substituer un escalier à l'échelle de corde par laquelle on entrait dans l'intérieur de l'arbre converti en chalet. Or la construction d'un escalier extérieur, outre qu'elle offrait de grandes difficultés, pouvait compromettre la sûreté du logis; d'autre part, si l'on construisait l'escalier dans l'intérieur de l'arbre, on aurait affaire à un essaim d'abeilles qui l'habitait et qui ne se serait pas laissé déposséder sans défendre ses pénates.

Jack l'avait appris à ses dépens; le petit curieux, malgré la recommandation de son père, s'était approché du trou qui servait d'issue à la ruche. Il fut piqué en plusieurs endroits. On le soulagea en lui faisant des frictions de terre mouillée. Néanmoins, on en avait vu assez pour comprendre qu'il fallait renoncer à lutter contre les abeilles, du moins par la violence. M. Arnold avait d'ailleurs pour principe permanent de ne détruire que ce qui ne pouvait servir à rien. Il songeait donc à forcer l'essaim à déguerpir et, tout en se préoccupant des voies et moyens, il avait construit une sorte de ruche, faite d'un morceau de tronc d'arbre creux, recouvert d'une calotte de calebasse. Le succès paraissait néanmoins fort douteux : M. Arnold crut tout à coup remarquer un mouvement inaccoutumé à l'ouverture de la ruche. Les abeilles rentraient, sortaient, allaient, venaient et paraissaient extraordinairement agitées, comme il arrive lorsqu'un nouvel essaim s'apprête à se séparer de la ruche mère. Un moment après, un régiment d'insectes sortit du trou, tourbillonna quelques instants dans l'air, puis alla se poser sur une branche d'arbre où elle se suspendit aussitôt en forme de grappe. M. Arnold avait vécu longtemps à la campagne; aussi savait-il comment on recueille un essaim et comment on l'empêche de se perdre; il se couvrit soigneusement la tête et les mains, pour les préserver des piqûres, s'approcha de l'arbre et renversa la ruche qu'il avait préparée, sous la branche à laquelle les abeilles se tenaient suspendues. Ces précautions prises, d'un coup de pied il ébranla l'arbre, ce qui fit tomber la plus grande partie de l'essaim dans la ruche. La ruche replacée sur une planche au pied de l'arbre, un bruyant va-et-vient ne tarda point à s'établir entre les abeilles qui étaient entrées dans la ruche et celles qui étaient restées dehors, et, au bout d'une heure, l'essaim entier avait pris possession de sa nouvelle demeure. Le soir, quand les abeilles furent endormies, on transporta la ruche contre la cloison du jardin potager, l'entrée tournée vers le sud, et dès le lendemain le petit peuple se mit au travail.

L'essaim promettait, en se multipliant, une double provision de miel et de cire ; aussi regretta-t-on moins le sacrifice de celui qui habitait le tronc du figuier, et que l'on était forcé de faire périr. Deux ou trois mèches de soufre allumées étouffèrent toutes les abeilles enfermées dans le tronc du figuier et, après cette exécution regrettable mais nécessaire, on put non seulement s'emparer des provisions accumulées depuis longtemps, mais encore commencer la construction de l'escalier. Le tronc du figuier étant creux jusqu'à l'endroit où l'on avait établi le plancher de la maison, on pouvait parfaitement remplir ce creux par un escalier tournant qui, tout en ajoutant à la commodité de la demeure, en assurait la solidité.

On commença par pratiquer dans le bas de l'arbre une large ouverture, à laquelle on adapta la porte de la cabine du capitaine. La maison ainsi fermée se trouvait garantie contre toute attaque. Enfin, grâce à une énorme solive provenant du vaisseau, on fixa les marches qui s'y appuyaient en tournant autour d'elle, et on les assujettit de l'autre côté dans les rainures taillées à même l'arbre ; on s'occupa ensuite de pratiquer dans la paroi de petites ouvertures carrées auxquelles on adapta des vitres.

Le tronc de l'arbre, ainsi percé de distance en distance, ressemblait à une sorte de tour, sur le sommet de laquelle on apercevait une manière de chalet à demi perdu dans le feuillage.

Pendant qu'on travaillait à l'escalier, la grosse chienne danoise avait eu deux petits, un mâle et une femelle. Jack fut autorisé à leur donner un frère de lait dans la personne du petit chacal, qui ne tarda point à devenir l'enfant adoptif de l'excellente Bill, et se montra d'ailleurs fort reconnaissant envers sa nourrice.

Vers la même époque, la ménagerie s'accrut de deux chevreaux et de plusieurs agneaux. Pour empêcher les autres bêtes de suivre le mauvais exemple de l'âne, Jack imagina de leur attacher au cou de petites clochettes qu'on avait trouvées sur le navire.

Cependant on continuait l'éducation du buffle ; sa blessure était complètement cicatrisée, et l'on y passa, comme font les Hottentots, un petit bâton qui dépassait de chaque côté, et formait comme un mors pour le conduire. Pourtant ce ne fut pas sans peine qu'il se résigna au dur métier de bête de somme.

L'éducation des autres animaux était poussée, et non sans succès, par leurs professeurs respectifs. L'aigle, encore trop sauvage pour qu'on lui permît de circuler librement dans l'étendue du petit domaine, commençait cependant à obéir à la voix de son jeune maître, et le singe, placé sous les ordres d'Ernest, ne laissait pas, par moments, que de se montrer récalcitrant et indocile. Notre jeune savant, qui avait une antipathie insurmontable contre tout travail physique, et répugnait surtout à porter des fardeaux, avait imaginé de dresser son élève au métier de domestique.

On assista alors à des scènes fort comiques entre l'élève et le maître. Le maître, voulant habituer Knips à porter des fardeaux appropriés à sa taille, lui avait attaché une sorte de petite hotte sur le dos. Knips, pour secouer ce poids incommode, regimbait et se roulait par terre avec force contorsions et grimaces. Les corrections, mais plus souvent les friandises, vinrent enfin à bout de l'obstination du petit singe ; tout singe qu'il était, le récalcitrant finit par comprendre qu'il faut, en ce monde, gagner le pain que l'on mange.

Quant à Jack, il s'en tenait à l'éducation de son chacal, dont il voulait faire une sorte de chien couchant qui demeurerait en arrêt devant le gibier vivant et le rapporterait mort. L'animal semblait peu disposé à mériter le nom de *Chasseur*, dont Jack l'avait prématurément décoré. Malgré le peu de succès de son enseignement, Jack ne désespérait pas tout à fait de son élève, car, s'il ne tenait point l'arrêt, il s'entendait assez bien à rapporter.

Ces sortes d'exercices servaient de délassements à des travaux plus sérieux, et coupaient agréablement la journée. L'escalier terminé, il fallut songer à perfectionner les bougies, et l'on se servit avec succès des moules de bambous, qui donnèrent alors aux produits jusque là assez informes du pasteur l'aspect des vraies bougies d'Europe.

Maintenant, avec quoi fabriquer les mèches? Car madame Arnold, en bonne ménagère, refusait de sacrifier à cet usage des mouchoirs et des cravates. Le mari et la femme s'ingénièrent chacun de son côté : l'un s'efforçait de remplacer le coton de la mèche par de minces baguettes d'un bois très inflammable, l'autre essayait de fabriquer de véritables mèches avec des fils qu'elle tirait des feuilles de caratas, et qu'elle faisait sécher au soleil avant de les tordre. Malheureusement, ni l'un ni l'autre de ces essais n'atteignit son but ; les mèches en bois se consumaient trop vite, les fils de caratas se carbonisaient sans brûler ; on fut forcé de reconnaître que seul le coton avait toutes les qualités requises. Comme on ne pouvait se procurer du coton qu'en détruisant une partie du linge, on jugea qu'il fallait se contenter, du moins pour le présent, d'un éclairage médiocre. On laissa provisoirement de côté les mèches. Il fallait se préoccuper des chaussures en caoutchouc.

On étendit donc plusieurs couches de caoutchouc liquide sur des bas gonflés de sable et préalablement enduits d'une couche de terre glaise que l'on avait fait sécher au soleil ; l'essai réussit complètement. De fait, le sable, une fois vidé, et le caoutchouc solidifié, on retira les bas, la terre glaise, et l'on se trouva en présence d'une paire de chaussures dont la solidité et la forme eussent fait honneur à un bon cordonnier.

On en promit de pareilles aux enfants ; comme, en allant puiser de l'eau au ruisseau, ils la rapportaient souvent trouble parce qu'ils remuaient la vase, on imagina d'installer un bassin d'écaille de tortue. Après avoir élevé par une sorte d'écluse le niveau des eaux que ce bassin était destiné à recevoir, on y adapta les tuyaux de sagoutier qui amenèrent tout naturellement ces eaux, redevenues limpides et claires.

CHAPITRE XIV

Jamais le proverbe : « Aide-toi, le ciel t'aidera, » n'avait été mieux appliqué.

A force de patience, d'énergie et de courage, tout réussissait à nos colons, qui ne tardèrent point à voir une sorte de bien-être relatif succéder aux incommodités de leur installation première. Certes ils avaient ce qu'il fallait pour vivre, et même au delà, mais cette vie n'en était pas moins environnée de dangers, toujours remplie d'appréhensions et de frayeurs. C'est ainsi qu'un matin ils se réveillèrent pensant qu'ils allaient de nouveau avoir à se défendre contre des bêtes féroces. Entendant une sorte de hurlement entremêlé de sifflements aigus, et même de sons plaintifs, ils redoutèrent une agression ; aussi s'empressèrent-ils de rassembler le bétail au pied de l'arbre, et de se retrancher eux-mêmes derrière les murs de leur petite forteresse. Après un silence assez court, les bruits se rapprochèrent, et c'était à qui découvrirait le premier quelque chose, quand Fritz, qui y voyait de très loin, déposa son fusil avec un éclat de rire.

« C'est le déserteur, dit-il, le déserteur en personne, et même il ne revient pas seul, il amène un camarade. Le camarade fait sa partie dans le duo et nous voici à la tête de deux bons musiciens. » M. Arnold avait peine à croire son fils. Mais Fritz avait bien vu. C'était bien l'âne fugitif : il rentrait au logis, accompagné d'un magnifique onagre, autrement dit âne sauvage. Tandis que l'onagre trottait, en hennissant, auprès de son confrère, M. Arnold réfléchissait aux moyens de le prendre.

Il descendit l'escalier, recommanda le silence, puis prit une longue corde dont il attacha l'extrémité aux racines de l'arbre, et fit à cette même corde un nœud coulant qu'un petit bâton tenait ouvert.

Fritz, qui avait eu d'abord l'intention d'employer son lasso, regardait ces préparatifs avec surprise et ne manifesta pas moins d'étonnement quand il vit son père façonner une sorte de pince avec un morceau de bambou.

Les deux animaux s'étaient rapprochés de l'arbre, et l'onagre, qui probablement apercevait pour la première fois des visages humains, recula comme effrayé ; mais il avait pour le rassurer l'exemple de son compagnon civilisé, qui, malgré son infidélité, ne se faisait point scrupule d'avaler l'avoine offerte par Fritz ; l'onagre donc se réconcilia subitement avec la vue des hommes. La gourmandise l'emporta sur la prudence, et il allait se précipiter sur la part offerte à l'âne quand M. Arnold profita de l'occasion pour lui jeter au cou le nœud coulant qu'il tenait préparé au bout d'une perche. L'onagre, assez désagréablement surpris, bondit en arrière, mais fut arrêté dans sa fuite par le nœud coulant qui le serrait à la gorge. Le voyant à terre, à demi suffoqué, M. Arnold s'empressa de le délivrer de ce lien, qu'il remplaça par le licou de l'âne, puis, tandis que l'onagre gisait encore étourdi sur le sol, il lui serra les naseaux avec sa pince de bambou. Il se souvenait d'avoir vu employer ce procédé par un maréchal qui avait à ferrer un cheval difficile. Ensuite il attacha le licou aux racines de l'arbre, et attendit que le captif revînt à lui, afin de savoir ce qui resterait à faire pour le dompter.

Tout le monde faisait cercle autour de l'animal, et l'on ne se lassait point d'admirer l'élégance et la grâce de ses formes, lorsqu'il se releva tout à coup en hennissant et chercha à s'enfuir ; mais la gêne amenée par la pince de bambou l'arrêta net, et contribua à le rendre docile. Il se laissa conduire à son gîte, en compagnie du baudet, et comme celui-ci avait perdu la confiance de ses maîtres, il dut se résigner à porter des entraves aux pieds de devant.

On eut recours aux privations, quelquefois au régime du fouet, et chose plus singulière, on lui mordit l'oreille ; c'est un expédient que les Américains considèrent comme excellent lorsqu'il s'agit de dompter un animal rétif ; grâce à ce système d'éducation, *Pied-Léger* s'apprivoisa bientôt au point de pouvoir servir de monture. On le dirigeait au moyen d'un petit caveçon formé par un licou ; une baguette attachée de chaque côté frappait à volonté les oreilles de l'animal, qui les avait très sensibles. L'arrivée de l'onagre, l'éclosion d'une quarantaine de poussins qui couraient çà et là en caquetant, plus encore la perspective de la saison des pluies, si dangereuse pour les animaux domestiques privés d'abri, fit songer à la nécessité de construire des cabanes.

Les grandes racines voûtées sur lesquelles le figuier chalet reposait, se prêtèrent merveilleusement à cet usage.

L'ONAGRE.

Tout d'abord, nos architectes les recouvrirent d'un toit à la fois élégant et solide qui était fait en cannes de bambous, entrelacées de cannes plus minces. Un mélange de mousse et de terre glaise sur lequel on étendit une couche de goudron, puis une jolie balustrade également faite de bambous tressés vinrent encore ajouter à la solidité comme à l'élégance de ce toit et permirent d'en faire une terrasse, où, le soir venu, on prenait plaisir à aller se reposer.

L'intérieur fut partagé en plusieurs compartiments, grenier d'abondance, écurie, poulailler, grange et laiterie. Il fallait songer à s'approvisionner pour la saison des pluies, qui constitue l'hiver des régions tropicales et s'oppose à toute excursion un peu longue.

Les jardins comme les magasins, la basse-cour comme l'écurie, s'enrichissaient à tout moment d'une acquisition nouvelle. C'est ainsi qu'un jour, pendant la récolte des glands doux dans le bois de chênes verts, on fit une capture des plus précieuses, celle de la fameuse poule du Canada, autrement dit poule à collet. C'est un volatile assez rare et qui, pour mieux mettre son nid à l'abri de toute attaque, se plaît à le construire avec des feuilles pointues, semblables à celles de l'iris. La manière dont le nid avait été découvert vaut la peine d'être racontée.

Tandis qu'on récoltait les glands doux, et que Pied-Léger, attaché à un arbre, broutait des racines, maître Knips, qui comme de coutume avait suivi son maître, profita d'un moment de liberté pour faire l'école buissonnière et s'élancer dans un fourré devant lequel il se tenait depuis quelque temps aux aguets. Bientôt des cris d'oiseaux mêlés de battements d'ailes annoncèrent quelque combat dans lequel maître Knips pouvait bien avoir joué le rôle d'agresseur. Ernest s'avança avec précaution et ne tarda point à apercevoir maître Knips qui, debout devant le nid, paraissait tout disposé à croquer les œufs. Heureusement Ernest arrivait à temps pour réprimer la voracité de son singe, et put s'emparer de lui, tandis qu'il appelait au secours. La couvée était sauvée; on lia les ailes de la mère, et Ernest, qui tenait maître Knips à distance respectueuse, put rapporter sans accident les œufs qu'il avait déposés au fond de son chapeau et recouverts des fameuses feuilles pointues. Qui aurait pu se douter que ces feuilles elles-mêmes allaient bientôt faire l'objet d'une découverte bien plus importante que celle de la poule? Après avoir longtemps servi de joujoux au petit Franz, elles gisaient éparpillées et desséchées au pied de l'arbre, quand Fritz, voulant faire un fouet pour amuser son petit frère, les ramassa et les fendit en forme de lanières. Son père, qui le regardait faire et remarquait la force comme la flexibilité de ces lanières, examina de plus près cette plante, et crut reconnaître le *phormium tenax*, qui remplace aux Indes notre lin d'Europe et fournit un excellent fil. Madame Arnold, toute à la joie de cette découverte, la plus précieuse, disait-elle, de toutes celles qu'on avait faites depuis qu'on séjournait dans l'île, se voyait déjà confectionnant des vêtements et du linge.

Le souvenir de toutes les opérations par lesquelles le fil brut doit nécessairement passer avant d'être converti en étoffe ne tarda point à rabattre l'enthousiasme de la bonne dame.

Tandis que M. Arnold et sa femme discutaient sur les moyens d'utiliser la précieuse trouvaille, ils virent deux des garçons s'élancer l'un sur le buffle, l'autre sur l'onagre, puis disparaître dans la direction du bois des Chênes. Peu après, leurs parents les virent reparaître chargés de paquets énormes. Ils avaient fait main basse

POULE A COLLET.

sur tout ce qu'ils avaient pu emporter. Après avoir félicité ses fils de l'empressement qu'ils avaient mis à se rendre agréables à leur mère, le père déclara qu'avant tout il fallait s'occuper de l'opération du rouissage.

Ce qu'on appelle rouissage est le premier degré de la préparation du chanvre, du lin et des autres plantes textiles, et consiste à les laisser pendant quelque temps exposées alternativement à l'humidité et au grand air. La plante commence nécessairement à se corrompre, ce qui permet de séparer les substances molles des fils longs et tenaces. Le tissu cellulaire qui les liait disparaît peu à peu, surtout si, au lieu d'exposer la plante au soleil, on la met rouir dans l'eau, et l'on obtient alors la filasse, c'est-à-dire les fils, en écrasant les tiges.

On songea tout naturellement au marais des Flamants pour le rouissage.

Dès le lendemain on attela l'âne au char rempli de paquets de *phormium tenax*. Les hommes suivaient la voiture munis de pioches et de pelles. Arrivés auprès du marais, on attacha de grosses pierres aux paquets de feuilles, que l'on avait eu le soin de diviser en petites parties avant de les lancer dans l'eau.

Ce travail permit aux jeunes gens d'observer la construction du nid des flamants. Plusieurs de ces nids étaient abandonnés, et la jeunesse put admirer à son aise la jolie construction de ces maisonnettes, en tronc de cône, dont la hauteur est proportionnée à la longueur des pattes de l'oiseau.

Le phormium se trouva suffisamment roui au bout de quinze jours. Cependant l'approche de l'hiver fit remettre à un autre moment les projets que l'on fondait sur la préparation de la filasse.

Il fallait avant tout s'occuper des provisions de bouche, aviser aux moyens de se procurer une nourriture saine pour le temps où il deviendrait presque impossible de sortir. Déjà le ciel s'assombrissait, le vent soufflait avec force, et de violentes averses venaient parfois rafraîchir l'air.

On emmagasina tout ce qu'on put arracher de pommes de terre et de racines de manioc, et l'on fit une provision aussi abondante de glands doux et de noix de coco; bref on se munit de tout ce qui devait constituer le fond de la nourriture pour l'hiver. Toutefois, comme rien ne remplace le pain, même pour ceux qui croient ne pas l'aimer, on sema du blé dans les places où l'on venait de récolter le manioc. On transporta aussi à Zeltheim bon nombre de jeunes cocotiers et de cannes à sucre. Des pluies torrentielles vinrent bientôt surprendre nos colons au milieu de ces travaux.

Menacés d'une espèce de déluge, les pauvres gens se virent obligés de quitter leurs jolies chambres aériennes pour venir camper au pied de l'arbre, dans les compartiments réservés aux animaux domestiques. Comme on y avait remisé, non seulement les animaux, mais encore les provisions et les outils les plus indispensables, la circulation y était difficile. La nuit, on avait à peine assez de place pour s'étendre, et l'épaisseur de la fumée qui remplissait les chambres quand on y allumait du feu fit bientôt renoncer à tout

FLAMANS ET LEURS NIDS.

essai de chauffage. On s'efforça de faire disparaître le premier de ces inconvénients en réunissant la plupart des animaux dans le même compartiment; mais il fallut se résigner au désagrément de vivre à peu près d'aliments froids au moment où on eût si volontiers mangé des légumes bien chauds avec de la viande et de bons potages.

Comme on craignait que ce régime ne donnât naissance à des indispositions dangereuses, les privations paraissaient encore plus pénibles. Toutefois le ciel semblait protéger visiblement des braves gens assez courageux pour avoir su se tirer d'une situation pleine de périls et changer un désert en une terre cultivée et habitable.

Leur activité ne se ralentit pas, même pendant la mauvaise saison. Cette saison d'ailleurs fut humide plutôt que rude. Madame Arnold avait été habile et prévoyante, elle avait fabriqué des vêtements qui consistaient en une sorte de vareuse dont le capuchon extérieurement enduit de caoutchouc était imperméable.

Aussi personne ne s'enrhuma, et l'on pouvait sortir par tous les temps pour ramener les bestiaux originaires de l'île. Car le manque de fourrage et la nécesité de ne point gaspiller pour la nourriture des animaux tout ce qui pouvait servir pour celle de la famille avaient déterminé M. Arnold à laisser paître en liberté les animaux qui, nés dans l'île, devaient trouver à se nourrir au dehors.

Une fois qu'on les avait ramenés auprès de leurs camarades d'Europe, on était libre de chercher une occupation pour le soir, et c'est pendant une de ces soirées tristes et longues que M. Arnold conçut l'idée d'écrire le récit des événements que nous racontons. Tandis que le père tenait la plume et que l'on voyait marcher l'aiguille de la mère, la mémoire des enfants venait bien souvent en aide à celle de leurs parents; et c'est ainsi que le souvenir des faits dont ils avaient été témoins, et dans lesquels ils avaient eu eux-mêmes une part active, vint peu à peu se fixer sur le papier et former un journal aussi instructif qu'intéressant. La caisse de livres, en grande partie scientifiques, que l'on avait trouvée dans la chambre du capitaine, devait fournir un autre sujet de distractions et d'études.

On comparait ce qu'on avait lu avec ce qu'on avait vu, on rectifiait les erreurs des auteurs par des notes tracées sur la marge des pages; avant tout, on bénissait les bienfaits de l'imprimerie qui met l'instruction à la portée de tous et permet de juger des progrès de l'esprit humain. Toutefois, malgré les distractions intellectuelles, malgré la rédaction du journal et l'instruction que l'on puisait dans les livres, on ne délaissait point d'autres travaux d'une utilité plus immédiate dans un lieu où il ne fallait compter que sur soi-même.

L'un de ceux qui firent le plus honneur à l'adresse du chef de la famille, ce fut la fabrication de deux cardes à peigner le lin. Pour construire ces deux cardes, dont l'une était grosse et l'autre petite, il arrondit et aiguisa avec la lime de longs clous qu'il fixa à égale distance sur une plaque de fer-blanc, puis il replia le rebord de la feuille, qui forma comme une boîte dans laquelle on coula du plomb fondu pour consolider les clous. Pour compléter son travail, M. Arnold ajouta de petites pattes destinées à maintenir la carde entre les planches d'un support. On n'eut plus qu'à souhaiter le retour du beau temps qui sècherait le phormium et permettrait par conséquent de faire l'essai des petites cardeuses.

CHAPITRE XV

Les riches, qui peuvent s'offrir les illusions de l'été pendant l'hiver, ne soupçonnent guère ce qu'il en coûte de passer la mauvaise saison dans un réduit humide, privé de chaleur et de soleil. Nos émigrants (sans cela, ils n'auraient pas été des émigrants) avaient des habitudes simples. Certes, ils ne connaissaient point le luxe, mais ils n'avaient jamais manqué du nécessaire ni souffert des rudes privations que la misère inflige aux classes pauvres. Aussi quelle joie quand, après de longues semaines pluvieuses et froides, le soleil, depuis si longtemps absent, vint de nouveau animer et réjouir hommes et plantes ! Toute course un peu longue étant interdite depuis longtemps à nos colons, ils crurent véritablement ressusciter le jour où il leur fut enfin permis de quitter leurs chambres obscures et malsaines pour reprendre leurs travaux de l'automne et visiter ce qu'ils se plaisaient à appeler leurs domaines. Cette promenade sous un ciel où le retour du printemps embaume l'air et transforme littéralement la terre en un paradis terrestre leur fit oublier leurs peines passées. Jamais le printemps ne leur avait paru aussi beau. Devant la première éclosion du feuillage rajeuni, en présence des magnificences florales dont la nature parfumait le paysage, ils se sentaient le cœur léger comme les oiseaux au plumage brillant qui voltigeaient de branche en branche parmi les arbres et manifestaient bruyamment leur bonheur. Les plantations de l'automne étaient d'ailleurs en bon état, les semences avaient germé, et l'on pouvait espérer de belles récoltes. Tout marchant à souhait, le cardage et la filature du phormium devinrent bientôt l'une des principales préoccupations de la colonie. Tandis que les deux plus jeunes enfants menaient paître le bétail, l'aîné aidait son père à étaler les paquets de filasse au soleil. Quand elle fut sèche, restait la triple opération du battage, du teillage et du peignage. Chacun eut sa tâche ; les garçons, munis d'un gros bâton, battirent les tiges ; madame Arnold eut à s'occuper du teillage ; le père fit le peigneur, et s'acquitta si bien de cet emploi, que la mère, toujours insatiable, n'eut pas de cesse qu'il ne lui eût fabriqué une quenouille.

La pauvre femme ne songeait jamais à elle-même. Le repos lui était inconnu. Aussi quelle ne fut pas sa joie quand le don de la quenouille fut suivi de celui d'un rouet et d'un dévidoir !

Dans son empressement à travailler pour les siens, elle se refusait toute sortie, et renonça même à accompagner son mari et ses enfants à Zeltheim.

Le grenier d'abondance n'avait point été épargné par l'hiver.

Le vent, la pluie, avaient ravagé la tente, gâté ou dispersé la majeure partie des provisions que l'on avait cru y mettre à l'abri. Le bateau de cuves était perdu, ainsi que deux barils de poudre, demeurés là par oubli. Mais la pinasse était intacte, et, parmi les provisions mêmes, il s'en trouvait que l'on ne désespérait point de sauver en les exposant au soleil.

Nos colons, menacés de passer un second hiver dans l'île, et qui sait ? peut-être toute leur vie, décidèrent qu'il fallait non seulement songer à mieux abriter les provisions, mais encore à se procurer à soi-même un logis plus sain et plus commode.

Fritz n'était jamais embarrassé : il proposa tout simplement de creuser une demeure dans la paroi du rocher ; sa proposition parut inacceptable, à cause des difficultés immenses de l'exécution ; pourtant elle donna lieu à un essai des plus hardis. Ne pouvant compter sur un logis taillé dans le roc, on songea à s'y creuser une cave en un endroit où la pierre s'enfonçait pour ainsi dire perpendiculairement dans le sol.

On travailla à grand renfort de pioches, de leviers et de marteaux, néanmoins l'ouvrage n'avançait guère, et nos ouvriers, découragés, allaient abandonner la partie, quand ils se crurent tout à coup autorisés à reprendre espoir. A mesure que l'on creusait la pierre, elle devenait moins dure, et pouvait même, par places, s'enlever simplement avec la bêche. Une profondeur de sept à huit pieds permettait à Jack, qui s'était placé dans la cavité, de creuser toujours en avant pour son compte. Tout à coup il poussa un cri de joie : « J'ai percé la montagne ! »

Le père, qui doutait encore, fut convaincu en remarquant que le levier avait disparu. La violence du choc l'avait évidemment projeté à l'intérieur d'une cavité naturelle. Sous de nouveaux coups, la pierre céda, et le roc s'abattit, laissant une ouverture de la taille d'une porte de grandeur moyenne. C'était à qui entrerait le premier, mais le père, toujours prévoyant, écarta ses enfants du geste. Une odeur épouvantable l'accueillit dès l'entrée de l'excavation, et le fit reculer comme frappé de vertige.

Les enfants ne comprenant rien à ce phénomène, le père leur expliqua que la quantité d'air renfermée dans le creux du rocher manquait de certaines qualités indispensables à la vie humaine. Entre autres, il leur apprit que les principes dont l'air respirable se compose doivent être dans de justes proportions et non mélangés de certains gaz émanant de substances étrangères à sa composition normale. Pour vérifier, disait-il, si l'air est vicié ou non, il faut le soumettre à l'épreuve du feu, qui s'éteint dans une atmosphère corrompue et ne brûle que dans l'air respirable.

On reconnut combien il serait imprudent de pénétrer prématurément dans l'intérieur de la grotte, quand on vit s'éteindre sans brûler les paquets d'herbes sèches que l'on venait d'y introduire.

« Recourons à un autre moyen, » reprit M. Arnold, et il envoya Fritz à Falkenhorst, le chargeant de rapporter quelques pièces d'artifice, qui se trouvaient dans une caisse remplie de fusées, de grenades. Ce sont des objets dont on se sert très fréquemment en mer pour les signaux nocturnes. Cette fois l'expérience fit pousser un cri d'admiration aux spectateurs. Les grenades, les fusées qui venaient d'éclater à l'intérieur du souterrain avaient fait passer devant les yeux les éblouissements d'un rêve féerique. On venait d'apercevoir une voûte où des pierreries de toute couleur resplendissaient parmi les ciselures qui semblaient faites de métaux précieux. Cette voûte reposait sur des pilastres de cristal de roche. La lumière venant se briser contre les aspérités des colonnes les éclairait de reflets irisés, et, parmi la lueur des feux rosés ou bleuâtres, couleur d'émeraude ou de saphir, de rubis et de topaze, entre des murs qui paraissaient incrustés de diamants et rayonnants du feu de mille étoiles, on croyait entrevoir un monde de statues, d'objets d'art, un assemblage de figures gracieuses et bizarres.

Le père, s'étant aventuré seul, reconnut que l'on pouvait désormais pénétrer sans danger dans la grotte, dont le sol était ferme et formé d'argile compacte. On était assuré pour l'hiver d'un logis merveilleusement chaud, attrayant et commode. Car plus on pénétrait dans l'intérieur de la grotte, plus on avait lieu d'en admirer les magnificences. On voyait là une succession de salles souterraines du décor le plus original.

Dans cette découverte, madame Arnold voyait un immense sujet de gratitude envers ce Dieu qui, tout en lui infligeant des épreuves si grandes, lui venait si visiblement en aide; elle songeait que désormais son mari, ses enfants auraient pour l'hiver un abri chaud, des chambres saines et gaies; qu'enfin tous avaient rencontré jusqu'à présent dans cette île déserte autant et même plus qu'ils n'avaient espéré rencontrer s'ils avaient atteint le but primitif de leur voyage.

A cette pensée, les larmes lui vinrent aux yeux, et elle embrassa tendrement l'aîné de ses fils. Les petits accoururent, voulant avoir leur part des caresses maternelles, et, un moment, on les vit tous les quatre menaçant d'étouffer leur mère sous leurs baisers. Elle riait et pleurait de joie tout ensemble. « Ah! le bonheur est partout où l'on s'aime, » dit-elle tout bas en serrant contre elle la tête blonde de son dernier-né.

L'examen de la caverne avait été fait en détail et avec soin. Plusieurs nouvelles décharges de poudre n'avaient point amené d'éboulement; elle était aussi solide de construction que magnifique d'aspect, et apte, par conséquent, à fournir le plus délicieux des quartiers d'hiver. Aussi que de projets pour l'aménagement de ce palais féerique!

On avait maintenant demeure d'été et demeure d'hiver, maison de campagne à Falkenhorst dans le chalet aérien, palais d'hiver taillé dans le rocher, sans compter Zeltheim, pied-à-terre fort convenable pour les jours d'excursion éloignée, et la hutte qu'il était facile de réinstaller au bois des Goyaves. Mais, de ces logis d'aspect si divers, celui de la caverne fournissait certainement l'installation la plus complète et la plus agréable. On s'efforça de la rendre aussi confortable que possible.

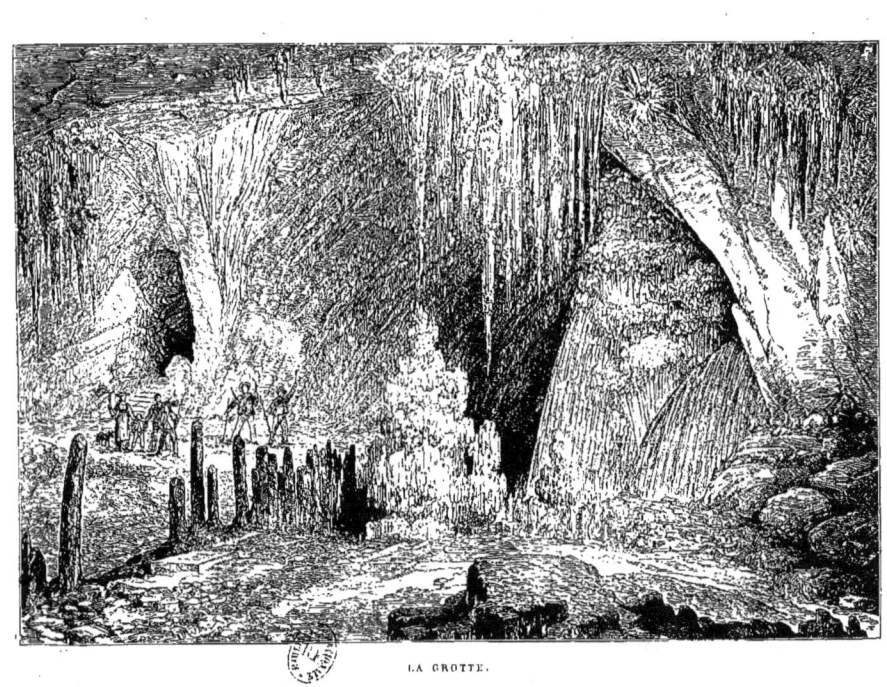

LA GROTTE.

Avant tout, on dégagea les abords et l'on creusa dans le roc des fenêtres taillées en forme d'ogives. Les portes de Falkenhorst, devenues inutiles du moment que l'on n'y séjournait plus que l'été, furent adaptées à l'entrée de la caverne, et l'on divisa ensuite le tout en compartiments qui formèrent, les uns des chambres à coucher, les autres des salles de travail. Il y eut en outre un atelier, une cuisine, un réfectoire, un endroit pour serrer les provisions de bouche, une écurie pour loger les bestiaux et abriter la volaille. Sans doute la grotte était vaste; ce ne fut pourtant qu'à force de combinaisons et de calculs que l'on parvint à la rendre habitable, et surtout à y réunir tout ce qui était nécessaire à la petite colonie pour y passer l'hiver.

Tout cela ne s'opéra point sans peine, ni sans privations. L'aménagement de la grotte avait rendu le séjour à Falkenhorst momentanément impossible. On s'était installé sous la tente à Zeltheim, et comme on n'avait ni le temps d'aller à la chasse, ni celui de pêcher, on se nourrissait comme on pouvait, le plus souvent de la chair des tortues qui venaient déposer leurs œufs dans le sable.

C'était, en résumé, une excellente nourriture qui fit songer à l'établissement d'une sorte de parc aux tortues où l'on se ravitaillerait selon les besoins de la table. Dès qu'on apercevait un de ces indolents animaux, Fritz et Jack couraient lui couper la retraite, on renversait ensuite la tortue sur le dos, et, une fois couchée, on lui perçait la carapace à l'aide d'une vrille, ce qui permettait d'attacher l'animal à une corde assez longue pour qu'il eût la liberté de ses mouvements sans pouvoir s'échapper.

C'est ainsi que chaque jour amenait une nouvelle découverte et de nouvelles ressources pour l'alimentation et pour le bien-être.

Un matin, comme nos travailleurs se rendaient de Falkenhorst à la baie de la Délivrance, ils virent, à quelque distance en mer, une large nappe d'eau en ébullition et comme argentée. « Cela doit être la croupe de quelque monstre marin, » déclara Ernest, celui qu'on appelait plaisamment M. le docteur. Mais déjà M. Arnold avait deviné que l'on assistait tout simplement à l'arrivée d'un banc de harengs. C'est le nom qu'on donne à ces multitudes de harengs qui nagent par colonnes serrées et souvent assez nombreuses pour couvrir une étendue de plusieurs lieues. Entre autres ennemis acharnés à leur poursuite et qui sont très friands de leur chair, il faut citer les dauphins, les esturgeons, puis les oiseaux de mer, toujours prêts à s'emparer du petit poisson qui s'aventure à la surface de l'eau. S'ils échappent à leurs ennemis sous-marins et aux oiseaux, ce n'est guère que pour tomber dans les filets tendus par les hommes. On en pêche des quantités innombrables; le hareng forme même le fond de la nourriture de certains peuples, et la fécondité seule de la femelle, qui pond jusqu'à cinquante mille œufs, explique comment la race a résisté à la destruction.

Après avoir donné ces explications à ses enfants, M. Arnold ajouta qu'il fallait s'empresser de tirer parti de la présence du banc de harengs pour en prendre le plus qu'on pourrait. L'agglomération prodigieuse du poisson facilitait ce travail; car il suffisait de plonger une corbeille dans la mer pour la retirer pleine. Ce fut la tâche de Fritz, qui était entré dans l'eau jusqu'à mi-corps. Sa corbeille renversée sur le sable, Frantz ramassait le poisson, l'apportait à Ernest et à Jack qui le vidaient avec un couteau, ensuite M. Arnold le rangeait par couches dans les cuves de l'ancien bateau, tandis que sa femme, une boîte pleine de sel à la main, saupoudrait les harengs à mesure qu'on les disposait par lits. Les tonneaux remplis et fermés hermétiquement avec des planches, l'âne et la vache les transportèrent dans les magasins de la grotte. Cette pêche fut suivie de plusieurs autres. Les harengs avaient attiré à leur suite une nombreuse bande de chiens de mer, animaux dont on peut utiliser la peau et la graisse. On en tua environ une dizaine. La peau fut destinée à faire des harnais pour le bétail, et la graisse à fournir une sorte d'huile qui permettrait de ménager la bougie. Quant à la chair, elle devint la proie des écrevisses qui fourmillaient dans le ruisseau du Chacal. Les enfants en pêchèrent bon nombre, et comme on ne pouvait en faire cuire qu'une quantité limitée, le père conseilla de placer le reste dans une caisse qu'on perça de plusieurs trous, et qu'on fixa ensuite au bord du ruisseau, à l'aide de grosses pierres qui la tenaient immergée. Le même procédé devait servir à la conservation du poisson de mer.

Tandis qu'on reprenait avec activité l'aménagement de la demeure souterraine, qui avait été un peu négligé depuis quelques jours, M. Arnold eut une nouvelle surprise. Quelques éclats de

CHASSE AUX TORTUES SUR LA PLAGE.

rocher qui se trouvaient dispersés sur le sol de la grotte lui révélèrent la présence d'une couche de pierre à plâtre. On ne tarda point à la découvrir près de l'endroit même où l'on avait mis les provisions; cuit dans un four improvisé, ce plâtre se trouva être de qualité excellente et non seulement servit à consolider les constructions de nos architectes, mais encore à les orner.

Un mois environ après la disparition du banc de harengs, nos amis assistèrent à un phénomène d'un autre genre. Le ruisseau était envahi par une bande de poissons de mer. Il y avait des esturgeons, des saumons, d'une dimension telle, que Jack crut d'abord voir des baleines. Un livre de pisciculture fut consulté et l'on apprit que certaines espèces ont coutume de déposer leur frai dans l'eau douce.

Ces poissons étaient trop lourds pour être pêchés à la ligne ; M. Arnold cherchait vainement un autre moyen, quand Jack déclara qu'il avait trouvé ce moyen. Il courut vers la grotte, et revint bientôt armé d'un arc, d'un carquois rempli de flèches à crocs recourbés, d'un paquet de ficelle et de quelques-unes des outres faites avec la peau des phoques. Sans se laisser troubler par les regards des siens qui faisaient cercle autour de lui, il lia autour d'une vessie la ficelle qu'il attacha d'un bout à une flèche et de l'autre à une grosse pierre; ayant ensuite bandé son arc, il visa et atteignit un saumon énorme. — « Bravo ! bravo ! » crièrent tous les assistants.

Jack était devenu rouge de plaisir. Cependant le saumon, qui n'était que blessé, cherchait à s'enfuir; mais le poids de la pierre et l'air contenu dans l'outre s'y opposèrent. La lutte acheva de l'épuiser et l'on ne tarda point à l'attirer sur le rivage.

Le succès encourage : on employa le même procédé pour la capture des autres poissons. Pour activer la pêche et ne laisser perdre aucune des grosses pièces qui s'étaient aventurées dans le ruisseau, M. Arnold conseilla de se servir également du harpon et du dévidoir.

Quant à Ernest, il voulut faire tâter de l'hameçon à la population aquatique, et, avec le secours de sa mère et celui de son petit frère, qui l'aidèrent à tirer le poisson hors de l'eau, il réussit à prendre un esturgeon assez gros. Mais le butin le plus riche consistait dans un autre esturgeon, qui pesait, celui-là, plus de dix livres, et fut frappé par Fritz à l'aide du harpon adroitement lancé.

Les poissons vidés, le père fit mettre de côté les œufs d'esturgeon et les vessies, les premiers pour les convertir en caviar, hors-d'œuvre d'origine russe assez recherché sur les bonnes tables; les autres pour en fabriquer de la colle de poisson.

Les œufs de poisson, soigneusement lavés, donnèrent un poids de trente livres. Après les avoir fait suffisamment tremper et macérer dans l'eau salée, on les fit égoutter dans de grandes calebasses pourvues de trous, et l'on obtint ainsi une douzaine de pains compacts et fermes qui furent disposés dans une hutte déjà disposée pour la préparation du hareng saur. Quant à la chair, on en marina une

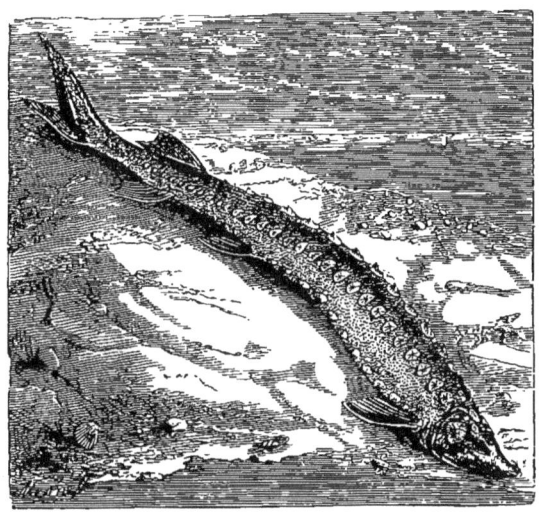

ESTURGEON.

partie et on sala le reste. La recette dont on se sert dans le Midi pour mariner le thon fut employée avec succès pour mariner le gros poisson, entre autres le saumon et l'esturgeon. On le fait cuire dans de l'eau fortement salée et on l'enferme ensuite dans des tonneaux où l'on verse de l'huile. Quant aux vessies qui devaient servir à fabriquer de la colle de poisson, M. Arnold les fit couper par petites lanières que l'on exposa au soleil pour les sécher, après les avoir trempées dans l'eau. Ces lanières, jetées dans l'eau bouillante, donnèrent une sorte de gélatine très pure, et si transparente, que l'on songea à l'utiliser sous forme de vitraux pour le palais souterrain.

ILS VIRENT PARTIR DEUX OU TROIS KANGUROUS QUI NE PURENT ÊTRE REJOINTS.

A part l'isolement où les naufragés se trouvaient, séparés du monde habité, ils n'avaient vraiment que des sujets de joie. Le jardin de Zeltheim prospérait à merveille, et les beaux légumes y venaient presque sans culture, arrosés, comme on l'a vu, par un système de canaux installé à l'aide de tiges de sagoutier. Tout poussait à vue d'œil : les concombres, les melons commençaient à grossir ; la récolte du maïs promettait d'être bonne, et, non loin de là, le beau fruit mûrissant de l'ananas ne dédaignait point de montrer sa pomme sculpturale auprès des produits d'origine européenne.

L'état de cette plantation semblait de bon augure pour celles qu'on avait faites dans le voisinage de Falkenhorst. De fait, elles réussissaient au delà de tout ce qu'on pouvait espérer. L'ancien champ de pommes de terre, que madame Arnold avait eu la bonne idée d'ensemencer, était littéralement couvert des plus belles céréales, et l'on se demandait où l'excellente femme avait pu trouver de quoi faire d'aussi riches semailles.

Les oiseaux de passage n'étaient pas sans faire quelque tort à ces belles plantations, où l'orge, les pois, les lentilles, l'avoine, le millet promettaient une abondante récolte.

La vue d'un champ couvert de pieds de maïs gigantesques et déjà mûrs avait tenté une demi-douzaine d'outardes. Elles y avaient établi leur quartier général, de concert avec un régiment de jeunes cailles qui s'enfuirent à l'approche des moissonneurs, et de deux ou trois kangurous qui ne purent être rejoints par les chiens. Fritz, qui avait apporté son aigle, le lâcha dans l'espace, où il s'éleva d'abord à une hauteur prodigieuse, puis fondit sur une outarde, qu'il terrassa sans lui faire de blessures graves, ce qui permit de la garder vivante. Le chacal de Jack, qui commençait à devenir bon chasseur, se montra digne des bienfaits de la civilisation en rapportant presque coup sur coup une douzaine de très belles cailles.

La chaleur du jour et la longueur de la course avaient altéré les promeneurs ; ils revinrent très fatigués à Falkenhorst. Comme ils demandaient à boire en attendant le souper, la maîtresse du logis les pria de patienter cinq minutes. Ils prirent place autour d'une table et ne tardèrent pas à voir revenir madame Arnold chargée d'un plateau sur lequel elle avait placé cinq verres. Ces verres étaient remplis d'une liqueur blanchâtre.

« Peut-on savoir ce que tu nous donnes là ? » demanda le père.

Madame Arnold sourit.

« Buvez de confiance. Si c'est bon, je vous dirai ce que vous venez de boire. »

Il n'y eut qu'une voix pour dire que c'était aussi réconfortant qu'agréable. La recette était bien simple : des grains de maïs écrasés et délayés dans du jus de canne étendu d'eau avaient fourni cette boisson excellente. Tout en buvant, on prit une demi-heure de repos, et le père en profita pour émettre une nouvelle idée relative à l'exploitation du bétail. La rapidité avec laquelle celui-ci se propageait compliquait les questions de logement et de nourriture.

« J'ai pensé, dit le père, à former en pleine campagne une colonie d'animaux domestiques, qui, rendus à une liberté relative, demeureront à notre disposition tout en nous épargnant la peine de les surveiller et de les nourrir. Cet essai est devenu possible depuis l'accroissement de notre troupeau. S'il échoue, le mal ne sera pas grand. Aujourd'hui, nous n'avons plus à nous préoccuper de la perte de quelques volailles et de quelques bestiaux, mais il est important de savoir si nos bêtes pourront s'acclimater dans l'île, et y trouver elles-mêmes le gîte et le genre de nourriture qui leur conviennent. »

CHAPITRE XVI

L'idée parut excellente; ayant décidé que l'on verrait dès le lendemain s'il y avait moyen d'effectuer le projet du père de famille, on partit au point du jour avec la voiture, dans laquelle, outre les provisions de bouche, on avait placé une douzaine de poules, deux coqs, trois jeunes cochons et deux couples de chèvres. La vache, le buffle et l'âne, bref, tous les coursiers de l'établissement étaient de service. J'allais oublier l'onagre portant Fritz, qui précédait la caravane, armé jusqu'aux dents, et faisait office d'éclaireur.

On se dirigeait cette fois vers un point encore inexploré, c'est-à-dire vers la contrée qui s'étendait de Falkenhorst à la grande baie, au delà de l'Observatoire et du cap de l'Espoir trompé. On venait de se frayer un passage à travers des champs obstrués de buissons, quand une petite voix enfantine, celle de Franz, poussa une exclamation joyeuse. En même temps, au bout du petit bois où l'on venait de s'engager, on aperçut le sol comme couvert de neige. Des flocons blancs qui se détachaient d'une forêt d'arbrisseaux placés sur le plateau d'un monticule voltigeaient dans les airs avant de retomber sur le sol. Franz, croyant

COTONNIER.

sérieusement que c'était de la neige, se baissa pour en ramasser. Mais c'était doux et chaud comme le duvet d'un oiseau. Ernest, ayant tâté ce duvet, prit un ton un peu magistral pour déclarer que ce devait être du coton. M. Arnold joua la surprise. « Vraiment, tu as découvert cela? » lui dit-il.

Les autres se baissaient à l'envi pour ramasser les larges flocons de coton qui jonchaient la terre, ou s'échappaient, par petites mèches, d'entre les fentes des capsules mûres.

Quant à Mme Arnold, l'aspect des cotonniers la plongeait dans une sorte d'extase: « Il ne nous manque plus qu'un métier à tisser, » s'écria-t-elle.

Avec leurs plantations de chanvre, de sucre, de coton, sans compter la volaille et le bétail, les potagers et les vergers, les pavillons pour l'été et les résidences pour l'hiver, les magasins aux conserves et le ruisseau transformé en vivier, nos gens devenaient, sans plaisanterie, de grands propriétaires. Il est vrai que, grâce à l'activité, au zèle, à l'énergie de chacun, on ne laissait rien perdre et l'on s'empressait d'utiliser jusqu'au moindre brin d'herbe.

Le coton récolté et serré dans les grands sacs que l'on emportait toujours dans les expéditions un peu lointaines, la maman, toujours prévoyante, songea à recueillir une certaine quantité de graines de cotonnier.

Nos voyageurs avaient atteint une petite colline du haut de laquelle on avait une vue magnifique, et dont le versant était couvert de la plus riche végétation. Ils dominaient la plaine qu'ils venaient de traverser, et qui était fertilisée par les eaux d'une petite rivière. Ce lieu parut propice à l'établissement de la colonie, et, comme on avait déjà fait passablement de chemin et même de besogne, le père proposa d'y planter la tente.

Un foyer fut construit, et tandis que la maîtresse du logis préparait le souper, M. Arnold et Fritz allèrent explorer les alentours. A peu de distance, ils aperçurent un groupe d'arbres dont les troncs pouvaient servir de piliers pour l'établissement d'un hangar. Leurs plans dressés, ils revinrent souper au chalet improvisé où le reste de la famille les attendait devant une table chargée de bonnes choses. L'excellente mère avait pensé à tout, et divisé le coton par portions égales afin que chacun eût son petit matelas pour s'y étendre.

LA MÉTAIRIE.

Dès le matin on se mit à l'œuvre. Avec des joncs qui croissaient dans le voisinage on construisit sans retard un toit à la fois élégant et solide. Le toit, que l'on recouvrit de plaques d'écorce simulant des tuiles, formait équerre au-dessus des six arbres dont j'ai parlé tout à l'heure. Les autres arbres, ceux qui se trouvaient à côté ou derrière, furent reliés au toit par une sorte de natte de jonc très épaisse, et l'on construisit avec les mêmes matériaux la façade qui avait vue sur la mer. Les architectes s'étaient arrangés de façon à laisser pénétrer dans la maisonnette l'air et la lumière. L'intérieur fut divisé en deux parties inégales, le plus grand de ces compartiments devant servir à la bergerie, l'autre serait un pied-à-terre pour la famille. Le poulailler se trouvait dans la bergerie, séparé par des palissades dont les barreaux ne pouvaient donner passage qu'à la volaille.

Tout cela avait été fait très rapidement, et, partant, laissait à désirer. Mais il serait toujours temps, pensait-on, d'y apporter des perfectionnements quand les autres travaux presseraient moins. Pour le moment les animaux étaient à l'abri, c'était le principal. Et pour les accoutumer à revenir coucher à l'étable, on eut soin de garnir leurs auges de grain et de sel, et il fut convenu que cet appât serait renouvelé jusqu'à ce que les animaux se fussent habitués à leur nouveau gîte.

Cette construction avait duré près de huit jours, et comme les provisions touchaient à leur fin et que M. Arnold était d'avis de continuer le voyage, on envoya les deux aînés à Falkenhorst avec mission d'en rapporter les vivres indispensables pour une absence plus longue; ils s'assureraient en même temps si les animaux que l'on y avait laissés étaient en bon état et ne manquaient de rien.

Tandis que Fritz et Jack se dirigeaient vers Falkenhorst, l'un monté sur le buffle, l'autre sur l'onagre, avec l'âne trottinant derrière eux avec une charge de paquets, M. Arnold explorait, accompagné de son fils Ernest, les alentours du lieu où ils venaient d'établir leur métairie. Ils désiraient s'assurer si l'on ne rencontrerait aucun obstacle quand on se dirigerait vers le nord de l'île. Ils rebroussèrent chemin et ne tardèrent point à gagner les bords d'un petit lac solitaire derrière son vert rempart de plantes de riz sauvage. Le lac, dont l'aspect était des plus pittoresques, servait aux ébats d'une troupe d'oiseaux aquatiques. Les chiens poursuivirent une bande de poules à collet qui se sauvèrent avec un grand bruit d'ailes. Ernest en abattit deux ou trois au vol, mais elles tombèrent dans l'eau, et elles eussent été perdues sans le zèle du chacal qui, dressé à la chasse, s'empressa de se jeter à l'eau et rapporta les pièces.

Que faisait maître Knips pendant ce temps-là? Après avoir quitté précipitamment le dos de sa monture, madame Bill, il travaillait pour son propre compte, accroupi sur le sol, où il cueillait et dévorait avec avidité de beaux fruits rouges. Le petit gredin avait découvert un fourré rempli de fraises délicieuses, elles y croissaient avec une telle abondance que nos touristes s'en rassasièrent, et Knips, après s'en être donné à cœur joie, put en emporter plein sa hotte. La hotte avait été soigneusement ficelée et garantie contre l'indiscrétion du porteur.

Après avoir recueilli quelques épis de riz sauvage, afin de les soumettre à l'épreuve de la cuisson, les explorateurs s'étaient arrêtés pour admirer de magnifiques cygnes noirs qui voguaient sur l'eau avec la grâce majestueuse d'un beau voilier, et personne ne songeait à tirer sur eux, quand Bill, la chienne, les dérangea en sautant brusquement dans le lac.

Elle ne fit qu'y plonger, puis reparut tenant entre ses dents un animal informe, et qu'on eut toutes les peines du monde à lui faire lâcher. L'animal, qui ne respirait plus, avait tout à la fois des pieds pourvus d'une membrane comme pour la nage, et une longue queue poilue. La tête était petite, les yeux et les oreilles minuscules; et l'on ne savait comment appeler un museau pourvu d'un bec assez semblable à un bec de canard. Le père cherchait vainement le nom de l'espèce à laquelle ce bizarre individu pouvait appartenir; tout à coup Ernest se frappa le front. « Je parierais que c'est l'ornithorynque, » dit-il, et il se rappela avoir vu une image représentant cet animal dans l'un des livres sauvés du naufrage.

« Va pour ornithorynque, » répliqua M. Arnold, avec un sourire qui disait combien il appréciait l'avantage de posséder un savant dans sa famille.

Nos promeneurs regagnèrent la métairie presque en même temps que Fritz et Jack. Dès le lendemain, on quitta la colonie, à laquelle, à cause de son toit formant encoignure sur le bout de la forêt, on avait donné le nom de Waldeck. Le chemin qui menait au cap de l'Espoir trompé, sur lequel M. Arnold voulait édifier un pavillon pour servir de pied-à-terre dans les excursions éloignées, traversait un bois de pins où nos voyageurs faillirent être lapidés par une troupe de singes.

En guise de pierres, ils se servaient de pommes de pin, ou plutôt

ORNITHORYNQUE.

de pommes de pin pignon ; c'est un fruit d'un goût agréable, et qui fournit une très bonne huile.

Après en avoir récolté une certaine quantité, la famille s'achemina directement vers le fameux cap, où l'on bâtit en moins d'une semaine un coquet pavillon-observatoire. Ce petit phare reçut le nom anglais de Prospect-Hill.

A force de travailler, nos architectes devenaient habiles.

D'ailleurs on vivait si bien dans l'île, elle offrait tant de ressources, qu'on cessait de la considérer comme un lieu de campement. En moins d'un an, l'énergie et la persévérance de nos pauvres naufragés avait transformé en colonie cette terre inculte.

CHAPITRE XVII

Des évènements intéressants, la naissance d'un veau, celle de deux petits chiens, étaient venus accroître le nombre des animaux domestiques.

J'allais oublier la fabrication d'une nacelle qui fut faite avec de l'écorce d'arbre, et celle de tapis et de tentures pour le salon de la grotte. On travaillait depuis deux mois à l'arrangement intérieur afin d'en faire une habitation commode, et le résultat obtenu répondait certainement à l'effort. Des cloisons de planches et de nattes faisaient de la caverne un logement des mieux distribués. Après les murs on s'occupa du carrelage. Le sol des chambres à coucher fut couvert d'une épaisse couche de terre glaise, cette terre elle-même fut recouverte de petits cailloux plats très lisses. Des tapis de feutre, fabriqués par nos colons eux-mêmes, devaient couvrir le sol plus rugueux du salon et de la salle à manger. Ingénieux comme toujours, et ne laissant rien perdre, ils avaient soigneusement recueilli la laine des moutons et le poil des chèvres. Ces matières premières cardées et nettoyées, on en étendit une couche sur un morceau de toile à voile, puis, ayant arrosé le tout avec de l'eau bouillante dans laquelle on avait fait dissoudre de la colle de poisson, on roula la toile à voile remplie de ce mélange et on se mit à la battre. L'opération de l'eau chaude ayant été renouvelée, pareillement celle du battage, on ouvrit la toile, d'où l'on vit se détacher une longue bande de feutre qui n'eut plus qu'à sécher pour pouvoir servir. Et c'est ainsi que nos insulaires obtinrent des tapis, qui, pour ne pas venir en droite ligne de Turquie ou de Perse, n'en étaient pas moins chauds et confortables.

On obtenait de beaux résultats, mais non sans peine et sans fatigue. Un matin, comme toute la famille, sauf M. Arnold, dormait encore, il chercha à se rendre compte du nombre des jours écoulés depuis celui du naufrage. Un calendrier de l'année précédente, puis le petit journal dans lequel il avait inscrit les évènements jour par jour, lui facilitèrent ce calcul, et, tout bien examiné, il reconnut que l'on était à la veille même de ce jour à la fois beni et funeste.

« Déjà un an ! » s'écria madame Arnold, quand le soir, au souper, son mari lui annonça sa découverte. Comme cette année avec tous ses soucis, ses travaux, ses fatigues, avait passé vite ! C'était à n'y pas croire.

Oui, c'était bien comme aujourd'hui, un 2 février, qu'ils avaient abordé en victimes dans cette île déserte où ils régnaient aujourd'hui en maîtres. Mais que d'énergie il avait fallu, surtout pendant les premiers temps, pour ne point céder au découragement amené par les difficultés d'une situation unique ! Ils repassaient ensemble toutes les péripéties, tous les dangers, tous les évènements de la vie qu'ils avaient menée depuis le temps où ils avaient pris possession de l'île. Ils s'attendrissaient au souvenir du moment, où, séparés du monde entier, ils s'étaient retrouvés tous ensemble, et, tout en songeant à ce qui était, ils pensaient à ce qui aurait pu être. La mère ne disait rien, mais ses larmes tombaient sur la tête de ses enfants qui s'étaient rapprochés d'elle pour l'embrasser, et se serraient contre sa poitrine.

Le père, lui, songeait que ce bonheur était fragile et qu'il faudrait peu de chose pour le détruire. Mais il ne voulut point attrister les siens en leur laissant voir une pensée qu'il était tenté de se reprocher comme un acte d'ingratitude, et il s'efforça de chasser ces sombres idées par une proposition joyeuse.

« Que diriez-vous, s'écria-t-il, si nous fêtions demain l'anniversaire du jour de notre débarquement dans l'île? »

Inutile d'ajouter que le projet fut adopté à l'unanimité.

« Moi, dit la mère, je me charge du festin, un festin dont vous me direz des nouvelles. »

Le reste de la soirée se passa gaiement dans l'attente de la fête du lendemain, fête dont M. Arnold se refusait à dévoiler le programme.

Le lendemain, dès l'aurore, tout le monde se réveilla brusquement. Un coup de canon venait de retentir.

Était-ce le signal d'un bâtiment en détresse, un pronostic de guerre? Tous furent debout en un clin d'œil. Mais on ne tarda point à se tranquilliser. Fritz et Jack, dont les lits étaient vides, entrèrent tout essoufflés, et très contents d'eux-mêmes. Le père l'était moins, mais il ne voulut point paraître fâché un pareil jour.

« Voilà donc, jeunes fous, à quoi vous usez notre poudre ? » s'écria-t-il.

Jack le fit sourire en répliquant que les fêtes populaires commençaient par là, que celle-ci en était une, et même la seule qu'il fût possible de célébrer dans l'île.

La première partie de la fête, qui justement tombait un dimanche, fut consacrée à la lecture du journal dans lequel M. Arnold s'était plu à consigner les principaux faits de leur vie depuis le jour du naufrage. Après cette lecture, qui s'était faite en plein air au sortir du déjeuner, le père évoqua le souvenir du dimanche dans un petit discours que tous écoutèrent avec une attention religieuse. Ensuite, et pendant que la maman préparait un bon dîner, on alla faire une promenade à la baie du Salut. Deux poules rôties, une crème délicieuse, attendaient nos promeneurs à leur retour. On mangea avec beaucoup d'appétit. Au dessert, après différents toasts qui faisaient allusion à la solennité du jour, M. Arnold se leva et donna le signal.

« Les réjouissances, dit-il, consisteront en exercices de gymnastique. Distinguez-vous donc, mes enfants. Des prix magnifiques seront décernés aux vainqueurs par la main d'une dame. »

Le hourra qui accueillit ces paroles fut si bruyant, qu'il produisit une sorte d'émeute dans le poulailler. Cet incident provoqua des éclats de fou rire parmi les garçons, qui se mirent à danser en rond et à chanter le refrain d'une vieille ronde.

« Au combat, nobles chevaliers, au combat, — la trompette a sonné. »

«Kokoriko! » cria le petit Franz en guise de finale.

Le père déclara que l'on commencerait par le tir. Un kangurou, grossièrement figuré avec des planches de sapin, devait servir de but. L'animal était fixé sur le sol dans l'attitude d'un kangurou assis; chacun des garçons, sauf le petit Franz, chargea son fusil et visa. Fritz, l'habile tireur, atteignit la tête deux fois de suite ; Ernest, moins habile, envoya une balle dans le corps; une première fois

Jack manqua, mais au second coup il fut plus heureux, et abattit à la fois les deux oreilles.

Il y eut des applaudissements et des rires, puis l'on passa au tir au pistolet, où Fritz obtint encore l'avantage.

M. Arnold recommanda aux jeunes gens de charger leurs armes avec de la grenaille, puis il lança en l'air un vieux chapeau; il fallait l'atteindre au vol!

Comme cet exercice demandait surtout du calme et du sang-froid, le prudent Ernest se montra presque aussi adroit que Fritz. Jack l'étourdi ne brilla pas.

Au tir à l'arc, tous se montrèrent d'une force supérieure, ce qui fit grand plaisir à leur père. M. Arnold tenait beaucoup à ce genre d'exercice, qui pouvait devenir d'un grand secours lorsque la provision de poudre serait épuisée. Le petit Franz lui-même, qui avait demandé à être admis au concours, ne se montra pas trop maladroit. Ses frères, pour l'en récompenser, le coiffèrent d'une couronne de feuillage. Il était si fier de sa couronne, que c'est à peine s'il consentit à la retirer pour se mettre au lit.

On prit quelques instants de repos avant de procéder à l'épreuve de la course. Les trois aînés seuls devaient y prendre part et l'on avait fixé comme parcours l'espace compris entre l'endroit où l'on se trouvait et Falkenhorst. Celui qui arriverait le premier au but devait rapporter un couteau que le père avait laissé sur une table.

Quand il eut frappé trois fois dans ses mains, Fritz et Jack se mirent à courir à toute vitesse, usant ainsi leurs forces dès le début. Quant à Ernest, il marchait d'un pas mesuré, absolument comme si rien ne pressait. « Le malin sait bien ce qu'il fait, » pensa M. Arnold.

Une heure après, Jack revenait au galop sur son buffle. Et comme son père lui faisait remarquer que ce n'était pas de jeu, il répondit qu'il ne voyait pas pourquoi, n'ayant point gagné, il s'épuiserait à courir. Fritz le suivait de près; quant à Ernest, le vainqueur, il venait en dernier, tenant le couteau et marchant comme au début d'un pas tranquille et sans se hâter. « J'ai gagné, je puis prendre mon temps, » se disait-il. Ce trait peignait son caractère. M. Arnold ne put s'empêcher de sourire. « Ils se valent sans se ressembler, » pensait-il, le regard fixé sur le groupe charmant formé par ses fils.

Un autre exercice qui consistait à grimper au sommet d'un arbre

AU TIR A L'ARC TOUS SE MONTRÈRENT D'UNE FORCE SUPÉRIEURE.

fit valoir la merveilleuse souplesse de Jack. Qu'on imagine l'agilité d'un jeune singe qui se joue sans efforts des plus grandes difficultés, monte prestement au sommet d'un arbre élevé, saute de là sur un autre arbre, se laisse glisser à terre pour recommencer ensuite ; et tout cela sans fatigue, avec des grimaces de clown et des drôleries amusantes. Jack se montra gymnaste accompli, et déploya une légèreté et une grâce incomparables.

Fritz et Ernest renoncèrent à se mesurer avec un tel maître, et l'on allait procéder à un autre exercice, quand, s'avançant vers son public, comme un acteur vers la rampe, le petit Franz prit la parole et demanda modestement la permission d'exécuter un petit divertissement de sa façon. La permission lui ayant été accordée avec enthousiasme, le petit écuyer alla chercher Brummer, le veau dont il s'était fait l'instituteur, et qui parut dans l'arène muni d'une selle en peau de kangurou et les narines traversées par un anneau de cuivre.

« Attention ! messieurs, dit le petit bonhomme d'un air important, le fameux dompteur de taureaux va vous divertir. »

Ayant toujours sa couronne sur la tête, l'enfant se mit alors à exécuter les évolutions les plus originales. C'était merveille de voir l'obéissance de l'animal, qui, au commandement, tournait, s'éloignait, revenait, prenait le pas, le trot, le galop. Finalement, il s'agenouilla pour que son écuyer pût mettre pied à terre et recevoir les félicitations de son public.

La fête se termina par le concours de natation ; cette fois ce fut Fritz qui eut tous les honneurs.

Madame Arnold, en sa qualité de distributrice des récompenses, était venue à la rencontre des vainqueurs. Elle s'assit sur une tonne décorée de feuillage ; les lauréats défilèrent devant elle, et se rangèrent en cercle autour du trône improvisé, attendant comme de jeunes chevaliers le prix de la valeur. Puis, avec une grâce charmante, la mère leur fit signe d'approcher, et leur décerna les présents qui leur étaient destinés. Elle accompagna le cadeau d'un tendre baiser et de quelques bonnes paroles d'encouragement et de louange.

Les enfants se montrèrent ravis du partage.

Fritz, le fier chasseur, le nageur intrépide, reçut un beau fusil anglais à deux coups et un magnifique couteau de chasse qu'il désirait depuis longtemps.

Ernest, qui avait été vainqueur à la course, une montre d'or pareille à celle de son frère aîné.

Jack eut une paire de beaux éperons et un joli fouet de provenance anglaise. Il l'essaya tout de suite et ne se lassait point de le faire claquer.

Le petit Franz, qui s'était montré habile écuyer et qui avait fait si gentiment les frais du divertissement, reçut une paire d'éperons appropriés à sa taille et une mignonne cravache à manche d'ivoire.

Des exclamations joyeuses résonnaient à l'appel de chaque nom et prouvaient qu'en cette circonstance, contre la coutume, chacun se réjouissait du succès du vainqueur.

Tout semblait fini, et madame Arnold, changeant de rôle, se levait gaiement pour retourner aux préparatifs du festin du soir, mais son mari l'arrêta.

« Et toi, ma bonne, digne, courageuse et aimable amie, tu t'en irais les mains vides, toi sur qui tout repose, et qui as su faire pour nous d'un désert un paradis? »

L'excellent homme pleurait d'attendrissement, et, s'avançant vers la femme interdite, il l'embrassa et lui remit un petit paquet assez lourd. Elle l'ouvrit et poussa un cri de joie.

Son mari venait de lui offrir un nécessaire, le plus joli nécessaire du monde, un nécessaire muni de tous les menus objets dont une ménagère peut avoir besoin pour coudre. Un couteau à fruits, des tablettes, une petite glace complétaient le contenu de ce joli coffret, un véritable bijou trouvé parmi les débris du navire et tenu caché en prévision d'un jour de fête.

La fête se terminait bien; mais les jeunes gens trouvèrent qu'elle serait incomplète si elle n'était couronnée par un coup de canon. Le père ne voulut point leur refuser ce plaisir; mais, tout en leur faisant observer que dans leur situation il y aurait des inconvénients à gâcher de la poudre, il leur indiqua un moyen bien simple de tripler le bruit de la détonation.

Il s'agissait tout simplement de boucher la gueule du canon avec du foin; l'expérience réussit et nos jeunes canonniers s'en revinrent assourdis par le vacarme. Le jour tombait. Nos insulaires soupèrent gaiement, puis, la prière faite, ils se livrèrent au sommeil, et rêvèrent des plaisirs de la journée.

CHAPITRE XVIII

Environ un mois plus tard à Falkenhorst, on vit, comme l'année précédente à pareille époque, les arbres se couvrir d'une quantité de grives, d'ortolans, de pigeons sauvages. Ces oiseaux, cuits et conser-

LES ARBRES ÉTAIENT COUVERTS DE PIGEONS SAUVAGES.

vés dans du beurre ou de la graisse, pouvaient fournir d'excellentes conserves pour la mauvaise saison. On organisa, par conséquent, une chasse en règle, et pour économiser la poudre qu'il eût été imprudent de prodiguer, M. Arnold imagina de les attraper avec de la glu. On fabriqua cette glu avec du caoutchouc, de la résine et de la graisse.

La provision de caoutchouc était épuisée, mais les deux aînés s'offrirent pour aller la renouveler, et revinrent le soir même avec de grandes calebasses pleines de caoutchouc; ils apportaient par surcroît une foule d'autres objets également curieux et utiles. Outre une certaine quantité de térébenthine et une grue que l'aigle de Fritz était allé pourchasser pour ainsi dire dans les nuages, les enfants avaient trouvé une plante d'anis, puis des racines auxquelles ils avaient donné le nom de racines de singes.

En effet, ils avaient vu des singes les dévorer avec avidité après s'être donné beaucoup de peine pour les arracher de la terre. Tout bien examiné, on reconnut que la précieuse racine était le ginseng, qui passe, en Chine, pour posséder de rares qualités nutritives et médicales; aussi l'empereur a-t-il seul le droit d'en exploiter la culture.

Jusqu'ici on n'avait pas eu lieu de se plaindre de l'intervention des singes, mais on les maudit quand les enfants, continuant leur récit, racontèrent que la curiosité les avait poussés jusqu'à Waldeck. La jolie métairie était dévastée; les poules gisaient étranglées sur le sol; les chèvres, chassées de leur gîte, erraient à l'aventure. Aux yeux des jeunes gens, les singes seuls avaient pu commettre de tels méfaits, et ce fut aussi l'avis du père, qui se promit de châtier ces bêtes malfaisantes et de leur faire une guerre implacable.

Une idée vraiment heureuse fut celle d'enduire certaines arbres d'une couche de glu. Des centaines d'oiseaux se prirent à ce piège aussi simple que bien imaginé. On y rattrapa même des fugitifs, par exemple une paire de pigeons qui s'étaient depuis longtemps éloignés de Falkenhorst. Jack plaida leur cause. Les pigeons regardaient leurs anciens maîtres d'un air si doux et si tendre, qu'on n'eut pas le courage de les sacrifier. On leur laissa la vie, et pour les attacher au logis et leur apprendre à goûter les douceurs d'un intérieur paisible, on leur construisit à Zeltheim même un joli pigeonnier dont les cellules s'enfonçaient dans le roc. Ils trouvèrent ces gîtes si commodes, qu'ils y amenèrent par la suite plusieurs paires de pigeons sauvages.

Ce fut à peu près vers la même époque que le pantalon de Jack

LES SINGES ÉTAIENT LES SEULS AUTEURS DE CES MÉFAITS.

fut victime d'un accident qui aurait pu avoir des suites fâcheuses pour Jack lui-même.

« Qu'est donc devenu Jack? » se demandait-on un matin, à l'heure du déjeuner. La soupe était servie, point de Jack, et déjà la mère de se tourmenter, quand on vit paraître le retardataire. Dans quel état, grand Dieu! Noir des pieds à la tête et empestant l'eau croupie. Le paquet de roseaux qu'il tenait entre ses bras disait assez d'où il venait. Voyant que tous se bouchaient le nez, il se mit à pleurer.

« Où diable t'es-tu fourré pour te salir ainsi? lui demanda son père.

— Je sors du marais aux Oies, » répondit piteusement le pauvre garçon.

La réponse provoqua un immense éclat de rire.

« Voilà une société que tu feras bien d'éviter à l'avenir, » reprit M. Arnold dès que les rires se furent un peu calmés. Il eut pitié de l'enfant et engagea ses frères à le laisser parler. Jack raconta alors qu'il était parti dans l'intention de recueillir des roseaux pour tresser des cages à pigeons. Et comme il balançait, malgré tout, ses roseaux d'un air triomphant, les plaisanteries recommencèrent à pleuvoir sur lui.

Quand le malheureux obtint enfin le silence, il raconta que, voulant cueillir des roseaux dans le marais, il avait sauté d'une motte de terre à une autre. Comme les roseaux les plus gros se trouvaient au milieu, il n'avait pu résister au désir de les cueillir. Il s'était trop avancé, tout à coup son pied avait glissé, et il avait senti la terre manquer sous lui. Il s'embourbait de plus en plus; la vase lui montait jusqu'aux genoux; alors, affolé par la peur, il s'était mis à crier bien gratuitement d'ailleurs, puisque personne n'était à portée de l'entendre. Il avait rassemblé ses forces, et avait essayé de recouvrer son sang-froid; enfin il avait imaginé de couper, à l'aide de son couteau, tous les roseaux qui se trouvaient à sa portée pour s'en faire une sorte de fascine, d'appui contre lequel il se calerait, tandis qu'il s'efforcerait de dégager ses jambes. Les jambes dégagées d'un vigoureux élan, il avait sauté à cheval sur le faisceau et s'était avancé comme il avait pu jusqu'au bord du marais, où son fidèle chacal l'avait aidé à reprendre terre.

« Comment, voilà que le chacal a mérité une médaille de sauvetage! demanda Fritz.

— Parfaitement, riposta Jack. J'étais bien parvenu sur les bords du marais, mais sans oser lâcher ma monture de peur d'enfoncer encore. Pendant ce temps je voyais aller et venir mon chacal sur la rive. La pauvre bête regardait son maître d'un air inquiet, ayant l'air de se demander comment il se tirerait de là. Tout à coup une idée me vient : j'appelle ma bonne petite bête qui accourt, j'étends mes bras vers elle, je parviens à la saisir par la queue, puis je pousse un grand cri qui l'effraye. L'animal veut se sauver, il tire, je me cramponne, et il parvient de la sorte à traîner son maître couché à plat ventre dans la bourbe jusqu'à un endroit sec. »

M. Arnold avait repris tout son sérieux.

« Ton courage et ton sang-froid te font honneur et je t'en félicite, dit-il à Jack. Quant à ta mine, mon pauvre garçon, tu nous pardonnerais d'avoir ri si tu pouvais te voir. Maintenant, suis ta mère, qui n'a pas l'air, elle, d'avoir envie de rire et qui va t'aider à reprendre figure humaine. Nous t'embrasserons quand tu seras propre. »

Les roseaux étaient presque aussi crottés que Jack; toutefois, l'habile chef de famille songea à s'en servir pour la fabrication du métier à tisser dont il était urgent de s'occuper. Ayant choisi les deux plus gros roseaux, l'adroit constructeur les fendit dans leur longueur, ce qui donna les montants des peignes, destinés à mouvoir les fils de la chaîne; de petites lames de bois formèrent les dents du peigne. Tout cela paraissait s'arranger. Néanmoins, comme M. Arnold n'était pas sûr de réussir, il préféra ne pas faire connaître le but de son travail. Pour tromper la curiosité des enfants, il inventa une histoire; il fabriquait, disait-il, un instrument de musique, en usage chez les Hottentots; cet instrument, que l'on ferait mouvoir par deux pédales, causerait un vif plaisir à la mère de famille. Les enfants s'égayèrent beaucoup de la réponse de leur père, et le laissèrent tranquille.

Vers la même époque, l'onagre mit au monde un ânon remarquable par sa légèreté comme par l'élégance de ses formes. Le nom de Rapide qu'on jugea à propos de donner à cette jolie bête était tout à fait approprié à ses qualités de coursier. M. Arnold, qui n'avait pas de monture particulière, en fit désormais la sienne, et n'eut pas lieu de s'en plaindre.

M. ARNOLD DISAIT QU'IL FABRIQUAIT UN INSTRUMENT DE MUSIQUE.

L'approche de la saison des pluies donnait un surcroît de travail à nos insulaires. Il fallait faire provision de fourrages pour ceux des bestiaux que l'on comptait garder auprès de soi ; il fallait encore s'occuper d'amener de l'eau douce dans le voisinage du palais d'hiver, car, par les fortifications et les clôtures dont on l'avait entouré, on avait coupé le passage qui conduisait au ruisseau du Chacal, ce qui forçait à aller puiser de l'eau à la source même du ruisseau. Un long conduit construit avec des cannes de bambou, rapprochées les unes des autres et enduites de résine aux jointures, aboutissait à une grande tonne qui servait de réservoir. On éviterait ainsi un trajet que la mauvaise saison aurait rendu des plus pénibles.

On profitait aussi des derniers beaux jours pour ramasser des patates, pour récolter du riz, des glands, et mainte autre plante utile, sans compter les délicieux ananas qui devaient fournir de si bons desserts pendant l'hiver.

Cependant M. Arnold n'oubliait point ses projets de vengeance contre les singes. Le système de la glu lui ayant réussi avec les oiseaux, il résolut de l'essayer aux dépens des vilains animaux qui avaient dévasté la métairie.

Arrivés à cet endroit, nos amis commencèrent par choisir un lieu convenable pour y dresser la tente, puis ils attachèrent les montures ; et Fritz, qui avait été en éclaireur à la recherche de l'ennemi, ne tarda point à signaler la présence des maraudeurs à un quart d'heure de marche environ. M. Arnold fit planter tout autour de la métairie dévastée de petits pieux qu'on entrelaça de feuillages épais. Des noix de coco ouvertes, des calebasses pleines de riz et de vin de palmier servaient d'appât, et le tout fut enduit de glu. La journée se passa sans que les colons aperçussent trace des coupables, mais le lendemain, au réveil, ils virent une troupe de singes qui s'avançaient vers les ruines de la métairie. Afin de ne pas les déranger, ils se tinrent cois ; seulement ils eurent bien de la peine à ne point éclater de rire quand ils les virent se prendre aux pièges qui les attendaient. Impossible d'imaginer la laideur de leurs grimaces, le ridicule des contorsions qu'ils faisaient pour se dégager quand ils se voyaient captifs. Leurs cris, leurs hurlements redoublèrent à la vue des chiens qui se précipitèrent vers eux pour les déchirer. Ils poussaient des gémissements, des cris d'angoisse si lamentables, et d'un son de voix si attendrissant, je dirais volontiers si humain, que la colère de leurs adversaires n'y résista pas. On rappela les chiens. Comme il fallait toutefois châtier les singes, et cela de façon à leur ôter l'envie de recommencer, on administra de vigoureux coups de fouet à ces vilains animaux qui, mis dans l'impossibilité de nuire, grinçaient des dents et montraient le poing à leurs bourreaux.

C'est en somme à leur ressemblance avec l'homme que les singes durent leur salut. On n'eut pas le courage de tuer un seul de ces animaux. Ainsi réunis, ils faisaient songer à une collection de petits vieillards décrépits et déguenillés. Fritz tout le premier proposa de les délivrer. Il cita à ce sujet le mot du nègre qui avait pour camarade un orang-outang apprivoisé; ce nègre prétendait que si le singe ne parlait pas, c'était pour se dispenser de travailler.

Après avoir tenu les singes suffisamment attachés au pilori, on aida les malheureux dans les efforts qu'ils faisaient pour s'y soustraire. Aussitôt dégagés, ils s'enfuirent comme s'ils avaient eu le diable à leurs trousses. Fritz fut bien aise qu'on leur eût laissé la vie sauve.

Tout en réfléchissant aux moyens de les tenir éloignés par la peur, il imagina de construire des moulins à vent aux angles de la métairie. Bien qu'on n'eût pas grande foi en l'efficacité de ce moyen, on l'adopta, vu qu'on ne trouvait rien de mieux; chacun se mit à la besogne, et peu de temps après, une trentaine de moulins, placés de distance en distance, tournaient à qui mieux mieux autour des murs d'enceinte. Il fallut quatre jours entiers pour réparer la métairie et pour la fortifier de façon à la rendre désormais inattaquable. Ce fut pour ainsi dire le dernier des travaux extérieurs qu'on put entreprendre avant une succession presque ininterrompue de tempêtes et d'orages.

La mer prenait part à ces convulsions de la nature, et, par le bruit des vagues qui venaient battre le rivage, en accroissait la tristesse. Les insulaires durent se réfugier pendant près de trois mois dans leurs quartiers d'hiver. Ils avaient gardé près d'eux leurs compagnons habituels, l'aigle, le chacal, les chiens et le singe, dont les espiègleries mettaient de la gaieté dans la maison; puis quelques animaux domestiques, la vache, pour son lait, l'onagre, qui nourrissait son petit, enfin, le buffle et l'âne, tous deux indispensables pour les voyages qu'il faudrait faire.

On ne tarda pas à découvrir de grandes lacunes dans l'aménagement de la caverne. Elle péchait surtout par le manque de lumière : défaut grave quand on n'a pas le temps de se croiser les bras et d'attendre paisiblement le retour du beau temps. Trois ouvertures pratiquées à grand'peine dans le roc n'éclairaient que faiblement l'intérieur, et l'irruption des pluies torrentielles interdisait d'en percer d'autres. Il fallut recourir à la lumière artificielle, et l'on imagina d'adapter à la voûte de la caverne une lampe à trois becs que l'on

IL Y EUT UNE SUCCESSION DE TEMPÊTES ET D'ORAGES.

avait rapportée du navire. Travail difficile, qui nécessita de nouveaux frais d'imagination, et fit honneur à l'adresse de Jack.

Dès qu'on y vit clair, on procéda à l'arrangement de l'intérieur des chambres. Celle qui devait servir de bibliothèque fut garnie de rayons destinés à recevoir les livres. Ce travail revenait de droit au docteur, qui s'en acquitta fort bien, aidé de Franz, son jeune frère. Madame Arnold voulut se charger avec Jack de l'arrangement du salon et de celui de la cuisine; Fritz et son père organisèrent l'atelier. C'était une belle et grande pièce, où l'on plaça le tour du capitaine, un établi de menuisier, et finalement tous les outils que l'on avait pu sauver du naufrage.

Une petite chambre voisine devait au besoin servir de forge. On avait déjà un soufflet, des marteaux, une enclume, mais cet outillage n'était pas suffisant.

Au reste, les embellissements et les perfectionnements que les pauvres reclus apportaient dans leur installation n'en montraient que mieux les lacunes. A la vue des bancs grossiers qui remplaçaient les chaises absentes, des caisses qui tenaient lieu d'armoires, nos amis s'étonnaient de l'insouciance des Européens qui apprécient à peine les biens dont ils jouissent et ne se doutent guère combien il est dur d'en être privé.

L'oisiveté est un grand mal; il fallait l'éviter à tout prix, et comme il était impossible de s'occuper au dehors, comme on ne pouvait ni semer, ni récolter, ni labourer, M. Arnold décida que lui et les siens donneraient beaucoup de temps aux travaux intellectuels, et qu'ils occuperaient leurs loisirs à fabriquer quelques-uns des meubles dont on avait besoin. Avant tout, nos architectes voulurent terminer une terrasse construite avec des quartiers de roche, puis un balcon destiné à servir d'observatoire. Ce balcon reposait sur une sorte de portique d'un joli dessin, et formait comme une sorte de toit au-dessus de la porte.

La grande pièce décorée du nom de bibliothèque avait un aspect tout à fait civilisé et européen. Là, sur de jolis rayons recouverts d'une couche de peinture sombre, on avait soigneusement rangé les livres retrouvés dans les cabines des officiers supérieurs. Presque tous ces livres, dont la plupart étaient des ouvrages instructifs, étaient ornés de gravures. Quelques-unes de ces gravures étaient coloriées, surtout celles qui illustraient les traités de botanique, de zoologie et d'histoire naturelle.

Dans un coin, sur une table recouverte d'un tapis vert, autour d'un très beau globe terrestre, on avait disposé des instruments d'astronomie et de mathématiques. Parmi les livres d'étude, on était heureux de trouver des grammaires et des dictionnaires de différentes langues, et la découverte paraissait d'autant plus précieuse que, par la situation même de l'île, on pouvait, tôt ou tard, se voir appelé à entrer en communication avec des navires de toute nation. Nos naufragés parlaient le français, les deux aînés avaient beaucoup de goût pour l'anglais. Quant à Jack, qui se laissa séduire par la sonorité des langues méridionales, il choisit l'italien et l'espagnol.

Tout en étudiant l'anglais, le docteur jugea à propos de commencer le latin, parce que cette langue lui paraissait indispensable pour bien comprendre les traités d'histoire naturelle et de médecine. Comme ce jeune savant était aussi un bon frère, il s'offrit à faire travailler le petit Franz, qui jusque-là n'avait pas appris grand'chose. L'élève ne tarda point à faire honneur aux excellentes leçons de son maître.

Les travaux les plus pressants terminés, on procéda enfin au déballage des caisses que l'on avait retirées du navire échoué. Oh! quelle bonne surprise! Elles contenaient un mobilier presque complet; et quel mobilier! Commode, consoles, bureaux à écrire, sans parler des glaces bien encadrées et de plusieurs pendules.

Tout d'abord les enfants mirent de côté ce qu'ils destinaient à la chambre de leur mère, et c'était plaisir de les voir à l'œuvre, choisissant ce qu'il y avait de plus beau pour elle, et s'empressant de prévenir ses moindres désirs.

Sans doute tout cela n'était point intact, la majeure partie de ces meubles avait grand besoin de réparations, et cette besogne, qui prit un temps considérable, retarda d'autres travaux également utiles. On était heureux de trouver un logement bien sain, bien abrité dans la belle grotte, éclairée et spacieuse, tandis qu'au dehors la tempête de plus en plus violente semblait menacer la nature d'une dévastation complète!

Vers la fin d'août, les ouragans se calmèrent, et l'on put former quelques projets de sortie. Dans quel état, hélas! allait-on trouver les différentes parties du petit domaine forcément abandonné depuis près de trois mois!

Un matin, tandis qu'on admirait les prodiges de la végétation renaissante, Fritz, qui avait de bons yeux, aperçut dans la petite baie du Flamant, près d'un îlot, un objet qu'il prit pour une chaloupe échouée. Le père, malgré sa lunette d'approche, ne distingua rien; mais comme Fritz se croyait bien sûr de son affaire, et persistait à dire qu'il avait bien vu, on résolut d'éclaircir la chose le jour même. D'ailleurs, quel bonheur de naviguer après trois mois de captivité!

Le canot nettoyé et garni de ses agrès, les explorateurs s'embarquèrent; mais à mesure qu'ils approchaient de la baie du Flamant, ils reconnaissaient que Fritz s'était trompé.

Ce qu'il avait pris pour une chaloupe, c'était une monstrueuse baleine, que la violence de la mer avait jetée et fracassée contre une saillie de l'îlot. La lame, qui battait furieusement le côté où gisait la baleine, rendait cette partie de l'île inabordable.

Ils y pénétrèrent par un détour qui leur permit de suivre deux routes différentes pour arriver jusqu'au cadavre de la baleine. L'île tout entière, que la famille n'avait jamais visitée jusque-là, n'avait guère qu'une demi-lieue de tour; la route était facile, parce que le terrain n'était pas encombré par des arbres; tantôt elle traversait des escarpements de rochers, et tantôt encore des terrains recouverts de plantes et d'arbustes.

M. Arnold s'engagea le long des rochers, et là, séparé de ses fils qu'il entendait rire, il s'arrêta pour contempler l'immensité qui se déployait devant lui : Zeltheim, Falkenhorst, tout ce qui représentait aujourd'hui pour lui le monde habitable, lui produisait l'effet d'un grain de sable. Pourtant c'était là qu'il faudrait vivre, mourir peut-être ! Quant au reste du monde, où était-il ?

La vue de ses enfants qui l'avaient précédé et se tenaient debout près de la baleine morte détourna son esprit de ses tristes pensées.

Dès qu'ils aperçurent leur père, ils coururent au-devant de lui, les mains pleines de coraux et de coquillages qu'ils venaient de ramasser. Quelques-uns de ces coraux étaient très beaux : c'étaient de curieux échantillons de ces êtres qui tiennent à la fois de l'animal, du végétal et du minéral. L'intérêt du sujet fit presque oublier le but de la course. On s'aperçut qu'il était tard et que d'ailleurs on manquait des outils nécessaires pour dépecer la baleine.

De retour dans la barque, les enfants firent observer que rien n'était moins commode que de ramer en pleine mer. « Papa, qui n'est jamais embarrassé dès qu'il s'agit d'inventer quelque chose d'utile devrait bien imaginer un système de navigation moins pénible. »

Un père aime à voir qu'il jouit de la confiance de ses enfants. M. Arnold répondit qu'il n'était pas sorcier, mais que néanmoins il allait essayer, à la condition qu'on lui procurerait une grande roue en fer.

LA BALEINE ÉCHOUÉE.

« C'est facile, » dit Fritz, qui se rappelait en avoir vu une à l'un des tournebroches.

On débarqua, non sans peine, sur la plage. La mère, accompagnée de Franz, y attendait le retour des navigateurs. La vue des coraux que les enfants avaient rapportés de leur excursion lui fit grand plaisir. Elle les admira beaucoup et demanda à être de la partie quand M. Arnold annonça qu'on recommencerait dès le lendemain.

On partit de bonne heure, la barque était chargée d'outils et de vivres, et traînait derrière elle quelques-unes des cuves qui formaient les débris du bateau primitif. Cette fois, la mer était calme, et l'on put aborder sans difficulté près du monstre, dont l'aspect repoussant arracha des cris d'horreur au petit Franz. La baleine, qui avait près de soixante-dix pieds de longueur, devait peser au moins soixante mille livres. Cette masse avait un aspect hideux et l'on frémissait en songeant qu'on aurait pu faire en mer la rencontre d'un animal aussi redoutable.

On procéda immédiatement au dépècement. Fritz et Jack montèrent, armés d'une scie et d'une hache, sur le dos de la baleine, et détachèrent les fanons qui garnissaient sa mâchoire. Il y en avait plusieurs centaines de chaque côté de la mâchoire supérieure, ceux du milieu longs de plus de dix pieds, les autres allant en diminuant vers les coins. Ces fanons, qui sont formés d'une sorte de corne noire et flexible, ont la courbure d'une lame de faux; ils sont supportés par les mâchoires à la place où seraient les dents si la baleine n'était absolument dépourvue de ces organes. Ils servent de véritable filet destiné à arrêter au milieu de l'eau introduite dans la gueule du monstre et qui en est chassée par le rapprochement des mâchoires, les animaux presque microscopiques dont le cétacé, malgré son énorme volume, fait sa nourriture exclusive.

La tête énorme occupe à elle seule le tiers du corps et les yeux sont relativement petits.

La besogne était peu agréable, mais nos travailleurs trouvèrent des aides dans les oiseaux de proie qui s'abattaient en troupes sur le corps de la baleine, si friands de sa chair qu'ils en arrachaient des lambeaux jusque sous le tranchant de la hache. Bon nombre de ces oiseaux restèrent sur la place, et furent, sur la réclamation de M. Arnold, rapportés à Felsenheim (c'est-à-dire : demeure des rochers), où l'on se servit de leur duvet pour bourrer des oreillers et des couvertures.

Les cuves avaient été remplies du lard de la baleine, mais l'ambition du père ne se borna pas là : il décida qu'on retournerait à l'île pour pénétrer dans le corps même de l'animal, et en retirer le foie, les intestins, les tendons de la queue, bref tout ce qui pouvait servir à un usage utile quelconque.

Il fallait vraiment une certaine dose de courage pour continuer une besogne aussi répugnante. Madame Arnold trouva qu'on exagérait un peu le désir, d'ailleurs très louable, de ne rien perdre, et déclara qu'il ne fallait point compter sur elle. Elle se retira à distance, et témoigna le plus souverain mépris pour les trésors extraits du corps de la baleine. Mais elle ne put s'empêcher de sourire quand son mari, pour l'égayer, lui fit l'énumération de ces précieux trésors.

On commença par faire de l'huile avec le lard, qui, soumis à une forte pression, donna deux tonneaux de qualité supérieure. Cette huile obtenue, on plaça les morceaux déjà pressés dans une chaudière, et on obtint ainsi un surcroît considérable d'huile plus ordinaire.

Je n'ai pas besoin de dire que l'on avait eu soin de s'éloigner de Felsenheim pour s'acquitter de cette besogne nauséabonde. Mais l'odeur ne s'en répandit pas moins jusque dans le voisinage de la maison, si bien que madame Arnold, tout écœurée, fit remarquer que l'on aurait mieux fait de procéder dans l'îlot même à l'opération de la fonte des graisses.

Évidemment elle n'était point encore réconciliée avec l'idée du dépeçage de la baleine ; se tournant vers des images plus agréables, elle insista sur la fertilité de l'îlot, dont l'aspect riant l'avait séduite. Pourquoi, ajouta-t-elle, n'essayerions-nous pas d'y établir une colonie de volailles ? elles n'auraient plus rien à redouter de la part du singe et du chacal.

L'idée parut excellente, et les jeunes gens parlaient de mettre tout de suite le projet à exécution, quand le père intervint. Il trouvait que décidément ses enfants se fatiguaient trop à ramer. Il déclara donc que l'on ne retournerait point à l'île avant d'avoir vu s'il n'y aurait pas moyen de leur épargner cette fatigue.

Comme il était urgent de faire ce petit voyage, le père se mit immédiatement à l'œuvre. Ses seules ressources se composaient de la roue du tournebroche et de l'axe sur lequel cette roue venait s'engrener. Il ne se découragea point et commença par placer en dehors de la pirogue une barre de fer qui dépassait d'un pied de chaque côté et au centre de laquelle il fixa l'axe denté. La barre reposait dans des entailles faites au bordage et garnies au fond de coussinets de cuivre destinés à prévenir l'usure que produirait le frottement. Aux deux bouts du petit bâtiment, quatre morceaux de fanon de baleine simulaient les ailes d'un moulin à vent.

Quant à la roue d'engrenage dont les dents venaient mordre sur celles de l'axe, et qui fut munie d'une manivelle, on la plaça sur deux supports rapprochés et fixés au milieu du bateau. Alors il suffisait de tourner la manivelle, les fanons battaient l'eau, s'y plongeaient successivement et imprimaient une impulsion rapide à la pirogue. Une première promenade aux alentours de la baie provoqua des cris de joie frénétiques de la part des spectateurs. Dès que la barque eut abordé, ils s'y précipitèrent et voulurent à toute force faire tout de suite une excursion à la petite île. Le père leur fit remarquer que la journée était trop avancée, et qu'il valait mieux remettre la partie au lendemain.

L'attente d'une journée de plaisir fit qu'on se leva de bonne heure. Les provisions et les paquets étaient prêts depuis la veille; on partit de grand matin, et la navigation, favorisée par un temps magnifique, fut des plus heureuses. En passant devant le bois des Singes, on mit pied à terre pour renouveler les provisions de noix de coco, puis on se dirigea immédiatement vers Prospect Hill.

La colonie était en bon état : les poules gloussaient, les coqs se répondaient à travers les buissons ; seuls les moutons et les chèvres semblaient devenus un peu sauvages. Il fallut se servir du lasso pour les prendre ; mais une bonne distribution de pommes de terre salées parut rendre la mémoire aux fugitifs et l'on put les réunir.

Les poules et les poulets se montrèrent plus familiers, et la mère put en saisir plusieurs couples, auxquels on lia les pattes pour pouvoir les transporter dans l'île nouvellement explorée.

Après le dîner, qui fut copieux et succulent, M. Arnold et Fritz prirent quelques boutures de plantes qu'ils voulaient introduire dans l'îlot, puis on se remit en mer vers ce joli coin de terre où la nature semblait avoir pris plaisir à planter un jardin. On venait à peine de débarquer, et M. Arnold cherchait, aidé de sa femme, un endroit propice à la culture, quand on vit accourir Jack. A son air joyeux, on devinait qu'il croyait avoir fait une trouvaille. Et de fait il assura qu'il venait de découvrir le squelette d'un mammouth.

M. Arnold se mit à rire.

« Décidément, dit-il, tu vas sur les brisées de notre docteur. Toutefois je serais bien aise de voir ton mammouth, quand ce ne serait que pour prendre mesure du pavillon qu'il faudra construire pour conserver ses os. »

M. Arnold se doutait que le fameux squelette n'était autre que celui de la baleine dont les oiseaux avaient achevé de dévorer les chairs. Toutefois il allait s'assurer de la chose, quand il s'arrêta en voyant Fritz aux prises avec une tortue monstrueuse. Il s'agissait de la renverser sur le dos, situation dans laquelle la tortue, incapable de se redresser, est à la merci du chasseur. Le père y parvint, mais non sans peine, à l'aide de deux avirons qu'il courut chercher.

Cependant Jack, qui semblait avoir conçu des doutes sur l'authenticité de son mammouth, insistait pour qu'on allât examiner l'objet de sa découverte. On s'égaya à ses dépens, lorsque, forcé de reconnaître que son père avait raison, il déclara n'avoir fait que répéter les affirmations d'Ernest. Le docteur avait tout simplement voulu mystifier Jack, qui fut très penaud et rougit d'avoir voulu se donner l'honneur d'une découverte scientifique.

Il était temps de partir; mais que faire d'une tortue qui avait huit pieds de long et trois de large ! Le père eut une idée heureuse. « Faisons-nous remorquer par notre prisonnière, » dit-il, se rappelant qu'une fois déjà il avait employé ce système avec succès.

On attacha autour du cou et des pattes de l'animal une corde dont on fixa le bout à la pirogue. Pour empêcher la tortue d'aller au fond, on lui lia autour du corps deux tonnes vides; ensuite on la remit sur ses pieds, et elle se jeta immédiatement à la mer, entraînant l'embarcation.

M. Arnold, de l'avant du bateau, dirigeait la marche de la tortue avec une longue perche. On arriva sans accident à Felsenheim, où l'on se mit tout d'abord en devoir d'attacher solidement la tortue. On ne savait si l'on devait ou non la sacrifier. Pourtant le lendemain on s'arrêta à ce dernier parti. Il est difficile de garder en vie une

LA TORTUE SE JETA A LA MER, ENTRAINANT L'EMBARCATION.

tortue de cette taille et on pouvait tirer parti de sa chair et de son écaille, car c'était une tortue verte, de celles qui habitent l'Océan, entre les tropiques. On se régalerait de sa chair, et l'on ferait de son écaille un nouveau bassin pour la fontaine.

Voilà pourquoi la tortue passa de vie à trépas.

CHAPITRE XIX

Vers la même époque, M. Arnold termina, aidé d'Ernest, le métier qui devait servir à la fabrication des étoffes. On aurait pu reprocher à ce métier de manquer d'élégance ; néanmoins comme il était parfaitement monté, on ne songea pas à lui demander davantage.

Madame Arnold ne pouvait se lasser d'admirer l'habileté de son mari. Celui-ci déclina ses éloges.

« Tu exagères, dit-il, le premier venu en ferait autant. Il ne s'agit que de regarder et de réfléchir. Tout mon mérite, si mérite il y a, consiste à n'avoir jamais négligé de visiter les ateliers où l'on voulait bien m'admettre. »

Enhardi par le succès, M. Arnold voulut s'essayer au métier de sellier. Après avoir taillé les selles, il les recouvrit de peau de kangurou et les rembourra de mousse. Il fabriqua aussi des brides, des traits, des courroies, et, comme après tout il travaillait en amateur, et sans avoir fait le moindre apprentissage régulier, il lui arriva bien souvent de prendre mesure sur les animaux eux-mêmes, à peu près comme le tailleur quand il s'agit d'habiller un client.

Madame Arnold demandait des corbeilles et des paniers pour le fruitier et le magasin aux graines. Tout d'abord on n'obtint que des objets informes, dignes tout au plus de servir à transporter de la terre ; mais le plaisir qu'on prit à cette petite industrie fit que l'on entra bien vite dans la voie du perfectionnement. Jack et Ernest surtout se distinguèrent. Ils venaient de terminer deux grandes corbeilles qui avaient si bon air, qu'ils eurent l'idée d'en prendre une pour y placer leur petit frère. A l'aide d'un bâton passé à travers les anses du panier et dont chacun des jeunes gens tenait un bout, ils improvisèrent une excellente litière. Le petit Franz, qui trouvait cette façon d'aller très amusante, refusait de descendre. Il en fut pour ses larmes. Cette plaisanterie fit naître de nouvelles idées dans la tête des deux frères. Depuis longtemps ils songeaient au moyen d'épargner la fatigue des longues courses à leur mère.

« Pourquoi, se disaient-ils, ne pas organiser quelque chose de semblable pour elle? »

Le père approuva l'intention, tout en émettant des doutes sur l'exécution du projet.

« Lequel de nous, dit-il, serait assez fort pour porter un poids pareil?

— N'avons-nous pas Sturm et Brummer? répliqua Jack, et il pria son père de donner la main à l'essai qu'ils voulaient tenter.

On amena le buffle et le bœuf. On attela l'un à droite, l'autre à gauche, aux bâtons qui supportaient la corbeille; puis les deux animaux, obéissant aux ordres de leurs maîtres, s'agenouillèrent pour les laisser monter. D'abord tout marcha bien. Ernest, qui, en sa qualité de personnage sérieux, avait voulu tâter du palanquin, s'y prélassait à l'aise entre Jack qui menait Sturm, et Franz qui conduisait Brummer. Le panier d'osier se balançait sur les deux perches avec les mouvements doux d'une voiture bien suspendue. Tout à coup les deux frères se firent un signe d'intelligence, et accélérèrent le mouvement. Ernest voulut faire bonne contenance, mais il pâlissait et riait d'un rire forcé à chaque secousse un peu forte. Ses frères, qui s'amusaient de ses frayeurs, voulurent lui jouer un tour et fouettèrent simultanément leurs montures. Le bœuf et le buffle partirent au galop, faisant sauter la corbeille où le pauvre Ernest, cahoté, ballotté, bondissait comme une balle de caoutchouc et poussait des cris de détresse. Il était plus mort que vif en descendant du palanquin; dans son indignation il traita ses frères d'imbéciles. Ceux-ci ripostèrent en le traitant de poltron, et, des paroles on allait peut-être en venir aux coups, lorsque le père jugea à propos de calmer les adversaires. Les frères s'aimaient tendrement et Jack comme Franz ne tardèrent pas à reconnaître leur tort quand M. Arnold leur eut représenté que leur plaisanterie aurait pu avoir des suites fâcheuses. Quant à Ernest, il connaissait si peu la rancune, qu'il oublia immédiatement ses griefs, et que son père, l'instant d'après, le trouva en train d'aider ses frères à dételer.

Le jour s'avançait; les parents causaient assis devant la porte et

Fritz tenait un livre, quand, cessant de lire, il dirigea ses regards vers Falkenhorst, où il crut apercevoir quelque chose de singulier, des nuages de poussière parmi lesquels il distinguait une forme vague. Fritz, ayant ajouté que le nuage s'avançait avec une certaine rapidité et qu'il y distinguait par moments comme les anneaux d'un gros câble, M. Arnold fit rentrer sa femme dans la grotte et envoya ses fils charger leurs fusils. Il eut à peine braqué sa lorgnette vers l'endroit désigné, que, reconnaissant un serpent énorme, il devint tout pâle. Fritz ne se troubla pas : « Je cours chercher nos fusils et nos haches, » dit-il.

Son père lui rappela qu'on ne saurait lutter face à face avec un adversaire pareil et l'entraîna dans la grotte. On s'y prépara à recevoir le monstre. Évidemment, il se dirigeait vers Felsenheim, et déjà, du haut du balcon, on apercevait distinctement les mouvements de l'affreux reptile. Il venait de franchir le pont jeté sur le ruisseau du Chacal, et dressait sa tête hideuse comme pour chercher la proie qu'il espérait rencontrer.

Un frisson de terreur parcourut les veines des spectateurs. Ils barricadèrent les portes, bouchèrent soigneusement les moindres ouvertures, puis montèrent sur la terrasse. De là, le fusil chargé, l'oreille aux aguets, ils pouvaient observer les mouvements du monstre sans être vus. C'était un boa gigantesque. L'odeur de la chair fraîche semblait le guider vers la caverne. Tout à coup, comme si avec la proie il eût flairé le danger, il parut hésiter. Trois coups de fusil, un peu prématurément lâchés par les plus jeunes des garçons, l'avertirent sans l'atteindre. Les coups étaient-ils mal dirigés, ou bien la peau du serpent était-elle trop épaisse? Quoiqu'il en soit, le serpent se borna à lever la tête d'un air surpris sans donner le moindre signe de douleur ni même d'effroi.

M. Arnold voulut le viser à son tour, mais, comme le coup allait partir, le boa se replia sur lui-même, et, prenant son élan, se glissa rapidement vers la mare aux Oies, où on le vit disparaître.

Au premier moment nos amis s'abandonnèrent à un mouvement de joie immense; mais cette joie dura peu. Le voisinage du terrible animal, qui probablement n'avait fui que pour reparaître d'un moment à l'autre, faisait tout craindre et l'on cherchait vainement les moyens de se débarrasser de lui sans courir de graves dangers.

Avant tout, le père défendit aux siens de sortir de la grotte. La frayeur y confina la famille pendant trois jours entiers, trois jours d'angoisse mortelle. On tremblait au moindre bruit, on osait à peine s'aventurer sur le seuil. Cependant l'animal ne donnait plus signe de vie, seulement une agitation inusitée régnait parmi les volatiles, qui semblaient deviner la présence d'un ennemi invisible. Il était donc prudent d'avoir toujours l'œil au guet. Situation affreuse, pleine d'angoisses, car non seulement les provisions s'épuisaient, mais encore il avait fallu suspendre des travaux urgents, et presque indispensables.

Comme les fourrages allaient manquer, sans que l'on pût prévoir le moment où on les renouvellerait, M. Arnold résolut de lâcher les animaux afin qu'ils pussent chercher eux-mêmes leur nourriture. Fritz d'ailleurs se chargeait de les pousser du côté de la source du ruisseau, c'est-à-dire dans une direction opposée à celle de la mare aux Oies. Il fit sortir les bêtes, et se disposait à les escorter, tandis que les siens, en observation sur la terrasse, se tenaient prêts à faire feu sur le monstre. La vache et le buffle, liés ensemble, marchaient d'un pas tranquille; mais l'âne, plus turbulent et moins docile, gorgé d'ailleurs de nourriture et reposé par un long repos, fut pris d'un accès de gaieté extraordinaire. Il débuta par une série de gambades des plus grotesques, puis, poussant de formidables hi-han, s'élança dans la campagne, à travers laquelle il se mit à bondir avec la rapidité de l'éclair. Cependant Fritz avait sauté sur l'onagre et allait courir à la poursuite de l'âne, quand il s'arrêta, rappelé par la voix suppliante du père. Et de fait, le baudet se dirigeait justement du côté par où le serpent avait disparu.

On essaya vainement de rappeler l'animal, qui, grisé par l'air de la liberté, semblait devenu sourd à la voix de ses maîtres. Bien plus, il se retournait de temps en temps vers eux comme pour les braver, puis, après un instant d'arrêt, continuait à courir à sa perte. Tout à coup le baudet s'arrêta comme pétrifié de terreur. Le serpent dressait sa tête au-dessus des roseaux, tout prêt à dévorer le grison, qui poussa un faible gémissement et demeura immobile. Sans faire le moindre effort pour s'enfuir, le malheureux âne, tout à l'heure si content de vivre, resta cloué pour ainsi dire au sol par une force invisible. Les spectateurs de cette scène affreuse virent le monstre

IL SE [...] VERS LA MARE, OU ON LE VIT DISPARAITRE.

l'enlacer de ses anneaux et l'étouffer. Vainement les enfants proposèrent de faire feu sur le boa, afin de délivrer leur pauvre baudet. Le père leur représenta que ce serait s'exposer à de nouveaux dangers sans profit pour le grison, qui déjà ne donnait plus le moindre signe de vie. Il ajouta que l'on pourrait plus facilement triompher du boa quand celui-ci aurait achevé de dévorer sa victime. Jack fit observer que le serpent ne dévorerait probablement pas sa proie d'une seule bouchée. Pour toute réponse son père lui fit signe de regarder.

Le boa pressait et écrasait de ses anneaux le corps du malheureux animal, comme pour le façonner à la largeur de son gosier.

La mère, ne pouvant supporter cet affreux spectacle, rentra dans la maison avec Franz qui versait des larmes. Déjà l'on ne distinguait plus de l'âne que la tête, qui pendait hideuse et sanglante sur la masse informe des chairs. Le boa, qui les pétrissait comme une pâte molle, couvrit ensuite sa proie d'une bave visqueuse et se disposa à l'avaler.

La masse ainsi triturée, il s'étendit en face d'elle, puis, commençant son repas par les pieds de derrière, il l'attira à lui, et, peu à peu, tout ce qui restait de la pauvre bête alla s'engouffrer dans cette gueule béante.

La besogne ne semblait pas exempte de difficultés; le boa paraissait y éprouver pour le moins autant de peine que de plaisir, et, quand il en arriva à la tête, qu'il avait négligé de broyer, il s'arrêta, comme accablé par l'excès de la nourriture, et tomba dans une immobilité complète.

Le père guettait avec impatience ce moment d'inertie; il s'empara aussitôt de son fusil et sortit, suivi des deux aînés qui ne reculaient jamais devant le danger. Ernest, plus timide, resta en observation sur la terrasse. De fait, une seule personne à présent eût suffi pour tuer le boa. Il ne remuait plus, et ses yeux, seuls encore éveillés dans son corps appesanti, s'attachaient avec une expression de rage impuissante sur ses adversaires. Son procès fut vite fait. Deux coups de fusil chargés de plusieurs balles et tirés à bout portant lui fracassèrent le crâne. Un dernier éclair brilla dans son regard, sa queue battit la terre en se tordant : il était mort.

Le premier mouvement de nos amis fut de s'embrasser les uns les autres. Il leur semblait qu'on leur eût fait cadeau de la vie, ils se regardaient comme échappés une seconde fois au naufrage. Puis ce fut un feu roulant de questions concernant le serpent. « Qu'allait-on faire de son corps? pourrait-on l'empailler? La chair du boa est-elle comestible? Fallait-il ajouter foi aux histoires de charmeurs de serpents et à d'autres légendes d'après lesquelles le redoutable animal serait sensible à la musique? »

Le père dut faire appel à ses souvenirs pour satisfaire la curiosité des siens. Il leur apprit que non seulement les serpents aiment la musique, mais qu'on peut leur apprendre à danser en mesure, dressés sur leur queue. Les saltimbanques voués à ce métier sont ces fameux jongleurs que les Indiens prennent pour des sorciers, parce qu'ils ignorent leur manière de procéder, qui est cependant fort simple. Ainsi, vous voyez le serpent qui s'avance vers vous la gueule béante comme pour vous dévorer. Lancez-lui l'extrémité d'un lambeau d'étoffe d'une certaine longueur, il se jettera dessus avec avidité, le prenant pour une proie vivante. Une fois entre ses dents, vous retirez vivement l'étoffe, qui, se tordant autour de ses crocs, les arrache et les brise. Et, ces crochets une fois brisés, l'animal devient inoffensif, jusqu'au moment où il lui est venu de nouvelles dents.

L'explication parut insuffisante au docteur. « Pourtant, dit-il, plus d'un naturaliste insiste sur la puissance fascinatrice du regard du serpent, particulièrement du serpent à sonnettes. »

M. Arnold lui rappela que l'on disait d'une personne glacée par la peur que la terreur l'avait « clouée au sol ». « Cette fascination, ajouta-t-il, n'est peut-être que l'espèce de paralysie inséparable d'un certain degré de frayeur. Qui sait si le regard d'un bandit, d'un assassin n'agirait pas comme celui du serpent, si, le soir, au coin d'un bois, vous étiez attaqués à l'improviste, sans pouvoir vous défendre? Au reste, comme le serpent à sonnettes se nomme précisément ainsi à cause du bruit qui le précède, et pour ainsi dire l'annonce, que ce serpent, malgré tout ce qu'on a dit sur son compte, se meut, en somme, très lentement, et ne se jette guère que sur ceux qui l'attaquent, il est moins dangereux qu'on ne suppose et il est facile de l'éviter. Si cependant on avait le malheur d'être mordu, il faudrait immédiatement couper les chairs entamées par les dents venimeuses de l'animal, ou même brûler de la poudre sur la blessure.

Ernest, toujours un peu douillet, fit la grimace et déclara que le remède était pire que le mal. Son père le gronda légèrement, lui disant que sa réponse prouvait son ignorance. « Il ne faut pas plaisanter avec des choses aussi graves, dit-il. Ce genre de mort est horrible et l'on n'aurait vraiment pas lieu de plaindre une personne assez insensée pour préférer une mort affreuse à une souffrance passagère. »

Le petit Franz ne put s'empêcher de faire la moue : « Quel pays ! dit-il ; on était bien plus tranquille chez nous, en Suisse.

— Toute médaille a son revers, reprit le père. Sans doute, nous ne rencontrions point de serpents dans les rues de notre petite ville, mais nous avions quelquefois affaire à des gens hypocrites et querelleurs ; nous avions une petite maisonnette médiocrement commode, nous ne possédions pas, comme ici, palais souterrain et maison suspendue. Je ne parlerai point de Prospect Hill, de la métairie, de l'île, bref de tout ce qui fait que nous sommes aujourd'hui heureux, presque riches. Et je ne citerai également que pour mémoire l'abondance de tant de fruits, de légumes délicieux et tout à fait inconnus en Europe. Il y a pourtant là de quoi toucher certains petits gourmands de ma connaissance, et même quelques grands gourmands qui ne sont pas loin de moi en ce moment. D'ailleurs, ajouta-t-il, le boa n'est pas un serpent venimeux. »

Le petit Franz ne se tint pas pour battu : « Papa, dit-il, je préférerais manger moins de bonnes choses et être sûr de ne point être mangé moi-même. »

La réponse égaya tout le monde. Madame Arnold trouva que l'enfant avait raison.

« A présent, dit-elle, je vivrai dans des transes mortelles dès que je ne vous verrai pas tous réunis autour de moi.

— Courage et confiance, » lui répondit son mari.

CHAPITRE XX

Les nerfs s'étaient un peu détendus pendant ce long entretien. On causait assis à l'ombre d'un rocher énorme, sans se séparer des armes à feu dont on venait de se servir.

Pour taquiner un peu Ernest, qui s'était borné au rôle peu actif de spectateur, son père fit un petit discours pour montrer qu'il faut être ou un homme d'action, ou un savant, ou un poète. « Ainsi voilà Ernest, dit-il, qui n'aime point à risquer sa peau et pousse même quelquefois la prudence jusqu'à disparaître quand les autres exposent la leur pour le bien commun. Mais en revanche, quelle tête ! et vous allez vous en convaincre sur l'heure par la beauté de l'épitaphe qu'il va improviser séance tenante sur les mérites du pauvre grison dont nous pleurons la perte. »

Si Ernest n'était pas brave, du moins il n'était pas susceptible; tandis que ses frères riaient du ton solennel dont le père avait débité sa petite harangue, Ernest, qui la prenait tout à fait au sérieux, perdu dans ses méditations, cherchait son épitaphe. Tout à coup, interrompant l'entretien, il eut un sourire modeste, et s'écria qu'il avait trouvé.

« Je vous le disais bien ! » s'écria le père de famille, qui demanda aussitôt le silence pour l'orateur. Ernest, qui ne voulait pas faire les choses à demi, se leva alors et déclama les vers suivants :

> « Ci-gît l'ami baudet, pleurez le pauvre diable !
> Par sa tragique fin il se rendit serviable
> A la famille Arnold, père, mère, garçons,
> Que sans lui le serpent eût croqués sans façons
> Tous unanimement montrent leur gratitude
> Par leur émotion et par leur attitude. »

Fritz partit d'un éclat de rire sonore. « Eh bien ! s'écria-t-il, sans flatterie, voilà ce que j'appelle des vers dignes d'un âne. Ils occuperont une place honorable dans la collection des épitaphes fameuses.

— Essaye un peu d'en faire autant, » lui cria le docteur d'un air courroucé.

Le père trouva qu'il était temps de clore l'incident. « En attendant, contentons-nous des vers de notre poète, » dit-il. Puis, tirant de sa poche un gros crayon rouge qui lui servait pour le travail du bois, il inscrivit l'œuvre d'Ernest sur un quartier de roche qui pouvait figurer à la rigueur un monument. Après avoir cherché les animaux dont on avait besoin pour enlever le serpent, M. Arnold plongea le bras dans sa gueule béante et en retira les restes ensanglantés du pauvre baudet. On l'enterra le mieux qu'on put dans une fosse sur laquelle on roula de gros quartiers de roche. Puis les bœufs furent attelés au serpent, qu'ils traînèrent jusque devant le perron de Felsenheim.

Arrivés là, les jeunes gens voulurent savoir comment ils procéderaient au dépouillement du monstre qu'ils tenaient absolument à empailler. « Pour commencer, leur dit leur père, vous ferez une découpure circulaire au cou, et vous fixerez fortement au sol avec des cordes et des chevilles les premiers plis de la peau légèrement rebroussée. Puis vous attellerez les bœufs sur la tête, qu'ils entraîneront avec le reste du corps en tirant doucement, et le dépouillement s'opèrera ensuite peu à peu. La peau enlevée et retournée, vous la saupoudrerez de cendres ; vous la retournerez de nouveau, vous la remplirez de mousse, en recousant la déchirure faite par les blessures, et après avoir donné à l'animal la pose qui exprimera le mieux une de ses attitudes naturelles, vous l'exposerez au soleil pour le sécher. »

Les enfants, ayant suivi les instructions de leur père, se tirèrent admirablement de cette besogne. Il ne s'agissait plus que de donner une pose caractéristique au monstre et M. Arnold s'attira tous les suffrages par la façon artistique dont il sut disposer ce qui restait du boa. Le corps enroulé jusqu'à moitié de sa longueur autour d'un pieu fiché dans un bloc de pierre, le cou et la tête avancés, la gueule béante, pourvue d'une langue imitée teinte en rouge, et de deux yeux postiches en colle de poisson, l'affreuse bête semblait vivante, tellement vivante que les animaux domestiques reculaient à sa vue, saisis d'épouvante.

L'amour du pittoresque avait eu sa part dans l'empaillement du serpent ; il alla garder et comme défendre l'entrée du musée-bibliothèque, ce sanctuaire de la science, sur la porte duquel on s'amusa à écrire :

« Entrée interdite aux ânes. »

CHAPITRE XXI

L'épisode du serpent provoqua plusieurs expéditions dont le but principal était de chercher le repaire du monstre. On voulait s'assurer s'il avait ou non de la progéniture. Par bonheur on ne trouva rien qui ressemblât à un nid de serpents. En revanche, on fit plusieurs autres découvertes ; l'une des plus intéressantes et même des plus utiles fut certainement celle d'une seconde grotte plus belle, mais moins habitable que l'autre. Cette grotte, pleine de stalactites, semblait soutenue par des piliers de diamant. Une terre compacte extrêmement fine, blanche comme de la neige, formait le sol. M. Arnold avait immédiatement reconnu la variété d'argile appelée terre à foulon, c'est-à-dire une substance excellente pour enlever les taches sur les étoffes de laine, et dont on peut même se servir pour remplacer le savon.

N'ayant plus rien à craindre du côté de la mare aux Oies. M. Arnold jugea à propos de fortifier le voisinage de la métairie. L'importance des travaux de fortification faisant supposer que l'on y emploierait un temps considérable, peut-être plusieurs semaines, le père décida que toute la famille se transporterait à l'endroit où l'on voulait construire. L'expédition cette fois eut une importance particulière avec accompagnement de tentes de voyage, de chariot, de vases, d'outils, de provisions et de munitions de toute sorte.

La petite caravane partit dès le point du jour, la mère commodément installée dans le chariot. Ce chariot était traîné par les deux bœufs, dont la croupe servait en outre de monture à Franz et à Jack. Fritz sur Pied-Léger, servait d'éclaireur, et tandis qu'Ernest protégeait la voiture, le père, à pied comme lui, marchait à côté de la vache. Les quatre chiens et leur compagnon le chacal ajoutaient à la sécurité du cortège.

Le voyage débuta bien ; après avoir donné la liberté aux moutons, aux poules, aux chèvres, ainsi qu'on avait coutume de le faire à chaque absence un peu longue; après avoir répandu des provisions et du grain dans le voisinage de l'habitation pour engager les animaux à y revenir, nos voyageurs s'acheminèrent vers Waldeck où ils comptaient faire une première halte.

Les singes, cette fois, avaient respecté la métairie, où tout était en bon état, et même en pleine prospérité. On décida qu'on emploierait l'après-midi à une reconnaissance minutieuse des environs. Les explorateurs iraient deux par deux, les uns sur la rive gauche, les autres sur la rive droite du lac des Cygnes. Franz, armé d'un fusil, pour la première fois accompagna son père. Fritz s'associa à Jack, et le docteur eut mission de protéger sa mère, avec laquelle il devait séjourner à l'extrémité supérieure du lac.

Chacun de ces petits détachements avait en outre, comme escorte, son escadron de troupes légères. Bill et le singe, maître Knips, restaient avec Ernest et sa mère. Turc et le chacal allèrent avec les deux aînés, tandis que Brun et Fauve, les deux jeunes chiens, gambadaient gaiement autour de leur petit maître.

Je n'ai pas besoin de dire que celui-ci brûlait de faire usage du fusil qui lui avait été confié.

L'occasion se faisait attendre; on voyait, il est vrai, des troupes d'oiseaux aquatiques se poursuivre sur la surface du lac, mais ils étaient hors de portée, et d'ailleurs nos chasseurs, engagés dans des fourrés de roseaux, avaient assez à faire de s'en dépêtrer, sans songer à viser un gibier difficile à atteindre.

Moins heureux que leurs chiens, qui barbotaient dans la vase comme dans leur élément naturel, le père et le fils n'avançaient qu'avec lenteur, lorsqu'ils entendirent sortir des roseaux un bruit singulier, assez semblable au cri de l'âne.

Franz assura que ce devait être le petit onagre; mais M. Arnold ne fut point de cet avis. Il fit remarquer qu'en premier lieu l'ânon était trop jeune pour émettre de pareils mugissements, qu'ensuite il n'aurait pu devancer ses maîtres sans qu'on s'en aperçût. « Je croirais plutôt, ajouta-t-il, que nous sommes dans le voisinage du butor, autrement dit héron étoilé, ou bœuf des marais. On l'appelle bœuf à cause de son cri, qui ressemble à un mugissement lointain. »

Ces explications ne firent qu'accroître la curiosité de l'enfant, qui

ILS DÉCOUVRIRENT UNE NOUVELLE GROTTE.

supplia son père de le laisser tirer. M. Arnold y consentit et appela les chiens pour leur montrer la direction dans laquelle visait Franz. Peu après et presque en même temps, on entendit un bruissement dans les roseaux, une détonation et un cri de joie. Le petit chasseur avait été vraiment très adroit pour son début.

« Touché! touché! » criait-t-il de toutes ses forces; et il ajouta que, s'il en jugeait par la grosseur de l'animal, il avait certainement blessé un sanglier.

Ce mot de sanglier effraya quelque peu le père, qui craignit qu'un animal domestique égaré n'eût été l'objet d'une méprise fâcheuse.

LA VICTIME DE FRANZ.

Toutefois, comme il s'avançait pour vérifier le fait, il reconnut que le gibier de Franz n'était pas d'origine européenne. La victime, un cabiai, avait les doigts réunis par des membranes; il mesurait à peu près deux pieds et demi de longueur. Ce singulier animal, qui a le poil brun, rude et très lisse, passe, avec sa longueur d'un mètre environ, pour le plus grand des rongeurs connus; il se nourrit habituellement de plantes aquatiques et peut demeurer longtemps sous l'eau.

Le petit Franz était ravi. Malheureusement il se trouva que le chasseur avait les épaules trop faibles pour rapporter lui-même son gibier. Comment donc faire? Il regardait son papa d'un air de détresse; mais le papa, qui voulait que l'enfant apprît à s'aider lui-même, fit semblant de ne rien remarquer. Franz était dans un embarras cruel. Tout à coup il se frappa le front, comme saisi d'une idée subite : « Le poids diminuerait de beaucoup, dit-il, si je vidais l'animal. »

Le pauvre enfant se tira courageusement de cette besogne répugnante ; pourtant, ce désagréable travail accompli, le fardeau se trouva encore trop lourd pour ses petites épaules. Au même instant, et comme il commençait à s'impatienter, il avisa Brun, qui le regardait de son bon œil souriant et affectueux. « Brun va m'aider, dit-il, et, appelant le chien, il lui attacha sur le dos le butin qu'il était incapable de porter lui-même. Puis, pour le dédommager de sa peine, il l'embrassa au front et caressa sa bonne tête de dogue.

« Allons, lui dit-il, voici le moment de me récompenser de l'instruction que tu me dois. »

Le chien, toujours prêt à obéir, trottait gaiement sous son fardeau, dont il ne songea pas une seule fois à se débarrasser. On s'arrêta au bois des Pins, puis on chemina vers Waldeck, où l'on revint sans avoir vu la moindre trace d'un serpent quelconque. Parvenus à Waldeck, nos chasseurs s'étonnèrent de trouver Ernest entouré d'un régiment de gros rats récemment tués. Son père fut très curieux d'apprendre où il les avait trouvés.

« Maître Knips n'est pas étranger à leur capture, dit le jeune homme. Il les a découverts au sortir de leur nid, un nid charpenté et maçonné avec un art extraordinaire. Ce nid en forme de four est situé à l'extrémité de la rizière. Maître Knips en avait vu sortir un, deux, puis trois rats. Ses grincements de dents et ses sifflements attirèrent mon attention ; avec mon bâton, je sondais les parois de la voûte qui servait de plafond à l'habitation de la colonie. Cette habitation, construite avec du limon, des tiges de riz et des feuilles de roseaux hachées, avait la forme d'un grand cylindre. J'avais commis l'imprudence de m'y aventurer, et j'allais devant moi, tapant de droite à gauche, quand je me vis tout à coup assailli par une armée de rats énormes. A la vue du danger, maître Knips, ne songeant qu'à sa propre sécurité, sauta prestement sur mon dos en poussant des cris de détresse. Mais ses sifflements ne firent que donner l'alarme aux maudits animaux, qui sortirent de leur repaire par centaines et firent mine de se jeter sur moi. Je criai au secours ; je me voyais déjà à moitié dévoré; j'étais littéralement cerné par une armée de gros rats noirs, et je n'aurais jamais su comment me débarrasser de cette sale engeance sans l'arrivée de notre fidèle Bill, qui accourut à ma voix. En jouant des crocs, à droite et à gauche, devant, derrière, il réussit, en un clin d'œil, à faire le vide autour de moi. J'étais sauvé. Ceux de mes ennemis qui n'étaient point éventrés prenaient la fuite, me laissant maître du terrain, d'où maman, qui survint bientôt, m'aida à emporter les dépouilles de mes ennemis. »

M. Arnold avait écouté avec attention.

« Tout ce que tu nous contes là m'intéresse vivement, lui dit-il, et

RATS MUSQUÉS.

je serais vraiment curieux de voir de près ce nid qui, d'après ta description, doit ressembler à celui du castor. Parions même que ton rat n'est pas plus un rat qu'il n'est un castor, ou plutôt que tes assaillants tiennent de l'un et de l'autre genre, et sont des rats musqués ou rats-castors comme les Américains les appellent. »

La vue du nid confirma les suppositions du père. Décidément, les honneurs de la journée avaient été pour Ernest, car ce n'est pas la peine de parler de l'expédition des deux aînés, qui, par exception ce jour-là, ne rapportèrent qu'un coq de bruyère et sa poule.

Cependant les enfants causaient des incidents de leur chasse, lorsque leur père les appela pour leur dire qu'il n'était pas encore temps de se croiser les bras. La journée des travailleurs ne finissait qu'avec l'annonce du souper, et comme le souper n'était pas prêt, on se mit à écorcher les fameux rats, dont quelques-uns étaient gros comme de petits lapins. Ensuite on suspendit séparément les peaux à l'aide de petites chevilles de bois, puis, les ayant salées et saupoudrées de cendre à l'intérieur, on les exposa à la chaleur du soleil.

CHAPITRE XXII

La famille n'avait pas trop bien dîné ce jour-là, car le cabiai tué par Franz sentait le marécage. Mais si le plat était médiocre, on n'en avait écouté qu'avec plus d'attention d'intéressants détails sur les différentes sortes d'animaux qui sentent le musc. Le castor, l'hyène, le blaireau, surtout la civette, sont, comme le rat musqué, des *porte-musc*, et cette odeur, qui ne devient un parfum qu'en vieillissant, est une sorte d'arme dont la nature a pourvu ces animaux pour les débarrasser de ceux de leurs ennemis que cette odeur incommode.

On avait mal mangé, mais les moelleux sacs pleins de coton dont on s'était approvisionné procurèrent un sommeil réparateur, et l'on se remit en route dès l'aube pour se diriger vers le marais des Cannes à sucre, auquel on avait donné le nom de Zuckertop. La famille y retrouva la petite hutte en feuillages entre-croisés que l'on y avait élevée pendant un précédent voyage, et l'on n'eut plus qu'à y étendre une bonne toile bien épaisse pour en faire un lieu de repos frais et agréable.

Pendant que la maman apprêtait le déjeuner, M. Arnold, toujours préoccupé du souvenir du boa, battit les environs avec sa petite troupe, et rentra sans avoir découvert la moindre trace d'un aussi dangereux animal.

Comme nos voyageurs étaient en train de déjeuner, se régalant de ces bonnes cannes à sucre dont ils étaient si friands, ils entendirent les chiens aboyer dans le voisinage. Le bruit sortait d'un fourré de roseaux. Quitter la table, prendre les fusils fut l'affaire d'un instant. On courut vers le fourré de roseaux, on excita les chiens, et le gibier ne tarda pas à paraître sous la forme d'une bande de petits cochons sauvages qui se sauvèrent à toutes jambes, mais en file régulière, comme des soldats disciplinés, même dans la déroute. Ils couraient très vite ; néanmoins on eut le temps de tirer plusieurs coups de fusil qui firent une douzaine de victimes ; les autres opérèrent leur retraite en bon ordre. Par la couleur grise de ces animaux comme par l'ensemble de leurs mouvements, M. Arnold devina que c'étaient des cochons sauvages, assez différents des espèces européennes. Il pensa que ce pouvaient être des cochons musqués, plus communément appelés pécaris.

Le nombre des pièces abattues étant considérable, et l'endroit où

LE MARAIS DES CANNES A SUCRE.

l'on avait chassé trop éloigné de la hutte pour qu'on pût y transporter à bras cette masse de gibier, le père décida que Jack irait chercher la charrette. M. Arnold savait, pour l'avoir lu, que la chair du pécari n'était mangeable qu'autant qu'on prenait soin de le dépouiller, aussitôt après l'avoir tué, de la petite poche odorante qui le range dans la famille des *porte-musc*. Il s'empressa donc d'accomplir cette opération en attendant que Jack ramenât la voiture.

Madame Arnold, debout sur le seuil de la hutte, assistait au déchargement de la voiture, et se demandait comment on viendrait à bout de tant de charcuterie. Le père répondit à sa pensée par la recomman-

LE GIBIER NE TARDA PAS A PARAITRE.

dation d'organiser au plus vite un fumoir destiné à préparer les jambons. Il fut le premier à se mettre à l'œuvre, et commença par le plus pressé, c'est-à-dire par le découpage des viandes. Tout d'abord, il tailla les jambons et sépara du corps les autres bons morceaux. La carcasse et la tête furent abandonnées aux chiens et à l'aigle. Après avoir soigneusement lavé la chair, on la sala et on la plaça dans des sacs ouverts par le haut qu'on accrocha aux branches des arbres. Au-dessous de ces sacs une courge creuse recevait les égouttures d'eau salée que l'on reversait ensuite sur la chair par l'ouverture du sac.

La matinée du lendemain fut employée à la préparation d'un rôti à l'otaïtienne. C'est Fritz qui en avait découvert la recette et il tint à cuisiner lui-même sans se laisser déconcerter par les plaisanteries de sa mère. On laisse cuire doucement la viande dans une sorte d'enveloppe de pierres brûlantes. Après avoir abondamment bourré le rôti de pommes de terre et de plantes aromatiques, on l'enveloppe d'écorces d'arbre et on l'enterre dans ce four primitif, où il cuit doucement et sans qu'il soit nécessaire de le surveiller.

Fritz ayant terminé ses petits apprêts, on se hâta de reprendre la construction du fumoir. Il ne fut pas terminé avant le soir. La petite cabane achevée, on suspendit les jambons au plafond, puis, sur le foyer ménagé dans le sol, on alluma un feu doux de feuilles sèches et d'herbes mouillées. Ce feu, on eut soin de l'entretenir jusqu'à ce que les jambons fussent complètement pénétrés par l'épaisse fumée, c'est-à-dire pendant plusieurs jours. La besogne achevée, on examina le rôti de Fritz, qui se trouva cuit à point sous son lit brûlant de terre, de pierre et de cendres. L'écorce d'arbre dont on l'avait entouré lui avait communiqué un goût délicieux d'aromates et, à en juger par ce parfum, M. Arnold supposa que cette écorce devait appartenir à un arbre nommé ravensara. Le ravensara, originaire de Madagascar, donne une huile qui réunit les parfums mélangés de la muscade, de la cannelle et du clou de girofle. Dans tous les cas, le rôti était délicieux, et le cuisinier triomphait.

Les soins nécessités par la préparation des jambons retinrent la famille deux jours encore dans ce campement. Comme toujours nos gens firent un judicieux emploi de leur temps en allant à la découverte. Ils rapportèrent ainsi une foule de choses précieuses soit pour la table, soit pour le ménage, entre autres une certaine quantité de bambous, dont quelques-uns, hauts de soixante pieds, étaient si larges, que l'on en put faire des tonneaux en les sciant près des nœuds. Les épines dont ces nœuds étaient armés fournirent des clous d'une grande solidité. Madame Arnold trouva même à employer les jeunes tiges de bambou qui, confites dans du vinaigre et mélangées avec les feuilles du ravensara, donnèrent un hors-d'œuvre digne de figurer sur les tables les plus luxueuses.

Aussitôt après avoir quitté la hutte aux jambons, on s'était dirigé vers Prospect Hill. Là, comme auparavant à Waldeck, les singes avaient malheureusement laissé des traces trop visibles de leur passage. Les animaux étaient dispersés, la cabane dégradée, tout était à recommencer. Ne voulant pas retarder la marche de l'expédition par des travaux dont on ne pouvait prévoir la durée, nos aventuriers se remirent en route pour des destinées inconnues, mais confiants dans l'étoile qui veille sur les hommes laborieux et cesse rarement d'éclairer les pas de ceux qui ne comptent que sur leurs propres forces.

CHAPITRE XXIII

Après deux heures de marche, la caravane s'arrêta sur la lisière d'un petit bois placé dans une situation ravissante. Ce bois s'étendait au pied d'un grand rocher et avait à sa gauche l'embouchure d'un ruisseau qui venait se perdre dans la mer. Non loin de là, entre le ruisseau et les rochers, un défilé étroit donnait accès dans les parties de l'île déjà soumises à la domination civilisatrice de ses habitants.

Ils trouvèrent le lieu bien choisi pour y planter leur tente, et prirent les dispositions nécessaires pour y déjeuner. Une petite excursion aux alentours prouvait d'ailleurs qu'on n'avait à redouter que les chats sauvages; c'était un voisinage plus désagréable que dangereux, car les chats sauvages n'en voulaient qu'aux provisions de bouche.

Ce jour-là, la chaleur était suffocante, et il fut impossible de rien entreprendre après le dîner. La soirée fut plus fraîche, et on l'employa en préparatifs pour une excursion assez longue.

Tout le monde était debout avant l'aurore, la ménagère pour préparer le déjeuner, les trois aînés et leur père pour faire ce jour-là le plus de chemin possible. On partit, mais, avant de s'aventurer dans la savane, on se retourna pour admirer la magnificence du paysage qui s'étalait, semblable à un panorama grandiose, sous la calme lumière du ciel. D'une part, des bois de palmiers, des montagnes revêtues de forêts surplombaient les ondulations d'une large rivière; de l'autre, des groupes nombreux de rochers escarpés, menaçants, arides, s'étageaient jusqu'au bord du ciel et, fuyant peu à peu devant le regard, venaient compléter et pour ainsi dire fermer le tableau.

Les rives du ruisseau, qu'il fallut passer à gué, étaient encore égayées, du côté des montagnes, par des taches de verdure. Mais l'aspect du paysage ne tarda pas à devenir de plus en plus sévère.

Nulle trace de pluie, d'humidité, d'eau courante. Pour toute végétation, quelques plantes grasses à demi grillées par l'ardeur du soleil, des plantes aussi laides que mal venues, de pauvres arbustes couverts d'excroissances et d'épines.

Après deux heures de marche pénible pendant lesquelles les lèvres desséchées ne s'ouvrirent guère que pour laisser échapper des plaintes, le but de l'excursion était atteint, et les voyageurs tombèrent plutôt qu'ils ne s'assirent à l'ombre d'un rocher.

Tous se taisaient, trop las pour discourir, et ils oubliaient d'ouvrir le panier aux provisions, tout occupés à contempler la lointaine perspective formée par l'impasse de montagnes qui s'allongeait en se rétrécissant sur les bords du fleuve.

Le repos avait ramené l'appétit, et le repas commençait quand maître Knips, se livrant aux grimaces et aux contorsions qui dénotaient chez lui de l'inquiétude, parut flairer quelque chose d'extraordinaire. Bill était resté auprès de la tente en qualité de sentinelle. Mais les autres chiens, excités par le petit singe, ne tardèrent pas à le suivre dans les creux du rocher. On les laissait faire, ne voulant pas se déranger pour si peu, quand Fritz tout à coup cessa de manger et regarda fixement devant lui.

« Non, non, dit-il, c'est impossible! » et comme on lui demandait ce qu'il avait cru apercevoir, il se leva sans répondre. Son inquiétude semblait s'accroître. « Prends la lunette d'approche, » lui dit son père. Le jeune homme prit la lunette des mains de M. Arnold et regarda de nouveau. Les regards de ses compagnons étaient comme suspendus à ses lèvres. Enfin il rompit le silence. « Je vois, dit-il, un, deux, trois cavaliers. Ils viennent de notre côté à toute vitesse. Je vois encore des troupeaux de bétail paissant çà et là, puis des meules de foin en mouvement, des chariots tout chargés qui vont à la rivière... Comment expliquer cela, père? »

M. Arnold prit à son tour la lunette d'approche et regarda. « Mes bons amis, dit-il, il n'y a pas là de quoi vous émouvoir. J'aperçois tout simplement un groupe d'autruches auxquelles nous pouvons donner la chasse si cela vous fait plaisir. Venez, les voici qui s'avancent vers nous. Le mieux serait de nous mettre en embuscade pour les surprendre. »

Sur la recommandation du père, Fritz rappela le plus doucement

POUR TOUTE VÉGÉTATION IL N'Y AVAIT QUE QUELQUES PLANTES GRASSES.

possible les chiens et le singe, tandis que le reste de la petite troupe allait s'abriter dans le creux d'un rocher. De là on apercevait très distinctement les autruches, il y en avait cinq. Tandis que le père recommandait le plus parfait silence, disant que le moindre mouvement mettrait les autruches en fuite, elles s'approchaient avec précaution, allongeant le cou et comme indécises. L'immobilité des figures parut les rassurer et même exciter leur curiosité, car elles prirent confiance et s'avancèrent innocemment vers leurs persécuteurs, les contemplant avec des airs étonnés qui allongeaient encore leurs cous immenses. Certes, cette attitude n'était point faite pour inspirer des projets cruels et nos amis songeaient beaucoup moins à tuer les autruches qu'à les apprivoiser par la gourmandise. Mais les chiens, impatientés, s'échappèrent bruyamment pour se jeter sur elles. Les autruches étaient déjà loin : déployant leurs ailes comme des voiles, elles couraient avec la rapidité de l'éclair et sur la plaine aride semblaient autant de navires voguant sur le sable.

Un mâle, qui était infiniment plus beau que ses compagnes, et était probablement resté en arrière pour les protéger, fut victime de son dévouement et tomba sous les attaques de l'aigle que Fritz avait lâché au moment où les autruches prenaient la fuite. Le chacal fit le reste, et, quand on arriva, la pauvre bête, déjà morte, gisait étranglée sur le sol. On n'emporta d'elle que ses belles plumes blanches, dont quelques-unes ornèrent immédiatement les chapeaux des chasseurs.

Il était temps de se remettre en route. Tout à coup Ernest et Jack, qui avaient pris les devants, s'arrêtèrent en poussant des cris de joie. « Venez vite! crièrent-ils, un nid d'autruche, un nid d'autruche! »

C'était bien un nid d'autruche; ce nid, creusé dans le sable, ne contenait pas moins d'une quinzaine d'œufs d'une belle couleur d'ivoire. Le premier mouvement des enfants, qui s'amusèrent beaucoup de cette trouvaille, fut de fouiller le nid afin de regarder les œufs de plus près. Mais ils s'arrêtèrent lorsqu'ils apprirent que la couveuse, qui dans ces zones brûlantes ne couve guère ses œufs que la nuit n'hésiterait point à les abandonner si elle s'apercevait qu'on en eût dérangé l'ordre. Pourtant les enfants ne purent résister au désir

15

d'en prendre deux pour les montrer à leur mère, Après s'être chargé de les enlever, le père eut soin d'amonceler un petit tas de pierres auprès du nid pour le retrouver plus aisément.

Ce fut avec plaisir que l'on quitta ces plaines brûlantes pour entrer dans une jolie vallée pleine de fraîcheur et d'ombre. Son aspect verdoyant, les fleurs dont le sol était parsemé, donnaient l'idée d'un petit paradis et justifiaient le nom de Vallée verte, dont on la baptisa. Des troupeaux de buffles et d'antilopes, effrayés par les aboiements des chiens, donnaient de la vie au paysage. Néanmoins, on voyait arriver le soir avec plaisir et on approchait de la caverne où Jack avait pris son chacal et dans laquelle on se proposait de se reposer, quand on vit tout à coup accourir Ernest, suivi de son ami fauve. Le pauvre petit docteur, tout pâle de terreur, avait à peine la force de parler. Il se précipita vers son père, comme pour chercher protection contre un danger et, d'une voix étranglée, s'écria qu'il venait de voir un ours.

Ici il ne s'agissait point de discuter. D'ailleurs Ernest, malgré sa frayeur, ne s'était pas trompé, comme on put bientôt s'en convaincre. Deux ours, dont l'un était d'une taille gigantesque, luttaient corps à corps avec les chiens, devant l'entrée de la caverne. Le tout était d'avoir raison des ours sans blesser les chiens. C'était difficile; le père risqua pourtant un coup de fusil, et Fritz se fia, comme M. Arnold, à la sûreté de son coup d'œil. Les coups portèrent, et sans mettre les ours hors de combat, leurs blessures les rendirent cependant moins redoutables. D'autre part leur résistance devenait dangereuse aux chiens, qui, doublement excités par les grognements menaçants des ours, continuaient à harceler leurs terribles adversaires.

Il fallait en finir. M. Arnold arma un de ses pistolets, avança un peu et, profitant d'un moment favorable, atteignit l'un des ours à la tête, tandis que Fritz, non moins heureux que son père, abattait l'autre ours d'une balle dans le cœur.

La victoire était assurée et M. Arnold poussa un cri de joie à la vue des deux ours qui gisaient terrassés sur le sol.

Dans l'ardeur du combat, on ne s'était guère préoccupé d'Ernest, qui, toujours un peu poltron, s'était prudemment tenu à l'écart. Il hésitait encore à approcher, quand Jack l'amena de force sur le lieu du combat. Le père était encore si ému du danger auquel ses enfants venaient d'échapper, qu'il ne songea guère à plaisanter Ernest sur sa poltronnerie et se borna à lui demander pourquoi il avait quitté ses frères pour les précéder dans la caverne. Le pauvre enfant rougit, et avoua qu'il avait voulu effrayer Jack en se cachant dans l'autre pour imiter le grognement de l'ours. Par une rencontre presque

DEUX OURS, DONT L'UN DE TAILLE GIGANTESQUE.

incroyable et qui ressemblait à un châtiment, la réalité avait remplacé la comédie, l'ours naturel avait joué le rôle de l'ours imaginaire.

M. Arnold ne jugea pas à propos de sermonner Ernest. Mais il insista beaucoup sur la nécessité de rendre grâce à la Providence qui avait permis qu'en cherchant inutilement des traces de serpent on se fût délivré de deux ennemis terribles. De fait, les deux ours étaient effrayants autant par leur taille prodigieuse que par la puissance de leurs griffes. L'un, le plus gros, mesurait environ huit pieds et l'autre un peu plus de six. Les garçons, debout auprès de leurs cadavres, les examinaient en détail, et ne pouvaient se lasser d'admirer leur cou énorme, leurs vigoureuses épaules et surtout la beauté de leurs poils, dont l'extrémité brillait d'un éclat métallique. M. Arnold en conclut que l'on se trouvait en présence de deux individus de l'espèce des ours argentés, rencontrés par le capitaine Clarke sur les côtes nord-est de l'Amérique.

Ours argentés ou non, leurs fourrures étaient magnifiques. Toutefois il était trop tard pour que l'on pût songer à les écorcher et l'on dut se contenter de traîner les deux cadavres dans la caverne, que l'on eut soin de barricader le plus solidement possible. On y laissa également les œufs d'autruche, dont le poids incommode gênait les mouvements et retardait la marche.

CHAPITRE XXIV

La bonne ménagère, qui avait trouvé le temps long depuis le départ des siens, s'était efforcée de donner le change à ses inquiétudes en travaillant de son mieux. Non seulement le repas était prêt, mais elle avait allumé les feux de sûreté; bref, elle s'était acquittée de tous les petits soins qui d'ordinaire reviennent aux hommes de la famille.

Le moment du souper fut, comme à l'ordinaire, consacré au récit des exploits de la journée. Les hommes ayant conté les différents épisodes de leur excursion, madame Arnold parla à son tour pour décrire une promenade, ou plutôt une course, dans laquelle, après s'être aventurée avec Franz jusqu'au pied d'une colline, elle avait découvert une couche d'argile, de l'espèce vulgairement appelée terre de pipe. Elle pensait bien, disait-elle, que cette découverte lui vaudrait un bel assortiment de vaisselle fabriquée par ses fournisseurs ordinaires; et, comme on la complimentait sur sa trouvaille, elle se mit à rire, disant que ce n'était là que le commencement des compliments qu'elle comptait recevoir. De fait, elle n'avait pas dû se reposer un moment, ayant fabriqué successivement une sorte de gouttière pour recueillir le filet d'eau qui sortait de la fente du rocher, puis, avec des fragments de roc et de l'argile, construit, dans un enfoncement du rocher, un four commode. Cela n'avait pas suffi à la bonne ménagère, qui était vraiment infatigable; elle avait fait charroyer par les bœufs une charge de cannes de bambou destinées à faire partie des matériaux nécessaires à la construction d'un mur de défense. On devient industrieux quand on est réduit à tout faire par soi-même. Nos travailleurs en fournissaient la preuve; ils en étaient même venus au point de ne plus s'étonner des résultats obtenus et de croire qu'il suffisait de vouloir pour pouvoir.

Le lendemain, de bonne heure, tous reprirent le chemin de la caverne aux Ours. Fritz, comme toujours, marchait en éclaireur devant la caravane; les siens, qui le suivaient à peu de distance, l'entendirent pousser une exclamation de surprise. On assista bientôt à un spectacle des plus curieux. Devant l'entrée de la caverne, et comme une sentinelle préposée à la garde des cadavres, se promenait un oiseau énorme. Cet oiseau, qui semblait venu là pour tenir à distance d'autres oiseaux plus petits, se distinguait autant par sa crête rouge que par un lambeau de chair qui lui pendait sous le bec. Il avait un

ELLE AVAIT FAIT CHARROYER UNE CHARGE DE CANNES DE BAMBOU.

collier de plumes blanches à la poitrine, le cou nu, ridé et d'un rouge pâle; tout cela lui donnait l'air lugubre qui convient à un gardien des morts, et l'on se demandait ce qu'on ferait de ce suppôt de cimetière quand la question se simplifia par le retentissement d'un coup de fusil.

Entendant un bruissement d'ailes, Fritz avait levé la tête, et avait visé un oiseau dont le cadavre en tombant dispersa la bande des maraudeurs ailés qui faisaient le guet autour de la caverne. Le grand oiseau lugubre restait seul, regardant de ses gros yeux ronds le

DEVANT L'ENTRÉE DE LA CAVERNE SE PROMENAIT UN OISEAU ÉNORME.

cadavre de l'autre que les chiens s'apprêtaient à déchirer. Craignant peut-être d'éprouver le même sort, il se décida à abandonner la partie et à s'envoler.

On se précipita aussitôt dans la caverne, où l'on trouva le cadavre d'un des ours déjà privé des yeux et de la langue. Quelques heures plus tard, et tout eût été déchiqueté, ravagé, y compris les belles fourrures.

Il était urgent de dépouiller ces animaux le plus promptement possible; toutefois, avant de se mettre à l'œuvre, on alla examiner le cadavre de l'oiseau abattu : c'était un condor d'une grosseur extraordinaire et de la plus belle espèce. Contrairement au désir des jeunes gens, qui brûlaient de reprendre leurs excursions, il fallut se résigner pendant deux jours entiers au long et dégoûtant travail d'écorcher les ours.

Ce repos forcé était un vrai supplice pour ces pionniers courageux et énergiques. Les yeux de leur père ne se fixaient jamais sur leurs belles figures mâles sans une satisfaction mêlée d'orgueil. Parfois, en les regardant, cet homme si fort se sentait pris d'un attendrissement subit. S'il mourait, pensait-il, si quelque accident ou quelque maladie venait à l'enlever, il laissait derrière lui des bras assez forts pour remplacer les siens. Jusque-là il ne les avait pas quittés d'un instant; cependant, les voyant si adroits et si forts, il jugea à propos d'abandonner ses enfants un peu à eux-mêmes, et, sur leurs vives sollicitations, leur permit d'entreprendre, accompagnés de leurs chiens, une nouvelle excursion dans la savane. Lui-même comptait, par exception, s'occuper ce jour-là dans la caverne, à quelques pas de sa femme et d'Ernest, qui, tous deux très absorbés par le fumage de la chair des ours, ne demandaient qu'à ne point être dérangés dans cette besogne.

Le père, en laissant partir ses enfants, leur avait recommandé l'union et la prudence. Mais il ne put se défendre d'une certaine inquiétude en se disant qu'il ne pouvait plus les surveiller, et cette inquiétude se changea presque en angoisse à mesure qu'approchait l'heure du retour.

Il trouva quelque distraction dans une découverte faite à l'intérieur de la caverne. Cette découverte était d'ailleurs importante, car elle devait fournir un objet fort utile et dont on était privé depuis longtemps. Le mica a la transparence du verre, et il le remplace avec avantage, puisqu'il est plus solide. M. Arnold constata avec un vif plaisir que l'on pourrait poser désormais des vitres aux fenêtres. Le mica qu'il trouva à l'intérieur de la caverne était transparent comme du cristal et quelques feuilles avaient jusqu'à deux pieds de longueur.

Le travail peut calmer les appréhensions, mais il ne les détruit pas complètement, surtout lorsque l'on tremble pour des êtres aimés, et les pauvres parents cherchaient à se dissimuler mutuellement leurs angoisses, quand leur regard tout à coup s'illumina. Dans le lointain, un bruit de voix joyeuses, mêlé au piétinement des animaux, annonçait l'heureux retour des absents. Le père courut au-devant d'eux, et fut frappé de l'expression de ces jeunes visages rayonnants de santé et de force.

Après avoir dessellé leurs montures, qu'ils laissèrent paître librement dans un beau pâturage voisin du ruisseau, le père et les enfants revinrent ensemble auprès de la tente. Jack et Fritz portaient au cou chacun un petit chevreau vivant; la gibecière de Franz était gonflée de lapins angoras. A en juger par les apparences, la chasse avait été fructueuse, et c'était à qui en raconterait le premier les différents épisodes.

Mais le père, trouvant que ce récit revenait de droit à l'aîné, le pria de le faire d'une façon méthodique et claire. D'une hauteur qui avait vue sur le défilé de rochers, Fritz aperçut à quelque distance un troupeau d'animaux qu'il prit pour des antilopes ou des gazelles. L'important était de ne pas les effaroucher, et de les surprendre en leur coupant la retraite. Trois chasseurs pouvaient exécuter ce coup de main. Ils s'approchèrent doucement, tenant les chiens en laisse. Malgré toutes ces précautions, le troupeau flaira l'ennemi. Aussitôt que nos chasseurs virent ces animaux dresser l'oreille et donner des signes d'inquiétude, ils lâchèrent les chiens, et s'élancèrent eux-mêmes à travers le troupeau en désordre. Ce fut un désarroi complet parmi les pauvres bêtes, qui cherchaient vainement à fuir. Cernées du côté de la plaine, elles durent passer par le défilé des rochers. Sans doute le plus fort était fait, mais encore fallait-il les pousser vers la cabane, les forcer à y entrer et surtout les empêcher de franchir le cercle où l'on voulait les enfermer. Fritz songea à un expédient qui lui fut suggéré par un passage des *Voyages* du capitaine Levaillant. Avec les plumes d'autruche que les enfants portaient à leurs chapeaux, et quelques lambeaux de toile oubliés au fond des carniers, ils construisirent des épouvantails qu'ils fixèrent sur des cordes, et ils attachèrent les cordes à des pieux plantés de distance en distance.

La narration de Fritz fut du goût de M. Arnold; il aimait à voir ses enfants profiter de leurs lectures. En revanche, il n'était pas charmé à l'idée de voir prospérer sur ses domaines un régiment de lapins angoras; car ces rongeurs se multiplient à l'infini et peuvent

LE TROUPEAU SE PRÉCIPITA VERS LE DÉFILÉ.

devenir un véritable fléau pour les terres cultivées. Cependant il se rendit aux raisons de Fritz. Fritz en effet lui fit remarquer qu'on pourrait en établir quelques couples sur l'une des îles; on n'aurait rien à craindre de leurs déprédations, et peut-être un jour serait-on bien content de trouver leur fourrure,

En enfants bien élevés, Jack et Franz s'étaient tus pendant que Fritz causait avec leur père. Mais ils profitèrent du premier moment de silence pour demander la parole.

Le père, voyant leur impatience, leur demanda comment ils avaient fait pour s'emparer des jolis petits chevreaux qui gigotaient sur leurs épaules.

« C'est bien simple, répondit Jack. Nos chiens quêtaient dans les touffes d'herbe; soudain les voilà qui font lever deux animaux semblables à de grands lièvres et qui se sauvent en cabriolant. Nous les poursuivons avec nos chiens, et au bout d'un quart d'heure, presque sur le point de les atteindre, nous les voyons tomber par terre, comme anéantis. Les pauvres animaux n'en pouvaient plus. Nous mettons pied à terre, nous écartons les chiens, nous ramassons nos lièvres, qui se trouvent être de petits cabris; nous nous les passons autour du cou, et voilà les cabris.

— Vos cabris sont tout simplement des antilopes! Décidément vous n'avez pas été trop maladroits et je vous fais mes compliments. Maintenant, allons dîner. »

La saison des pluies approchait, il fallait songer au retour. Toutefois on avait encore beaucoup à faire avant de rentrer au quartier général. Un matin, M. Arnold décida qu'on se mettrait une dernière fois en route pour la savane, cette fois sans Ernest, qui, toujours un peu indolent, préférait rester avec sa mère; il supporta très bravement les railleries du petit Franz, qui le traitait de fainéant et de poltron. Sans défendre absolument Ernest, M. Arnold gronda un peu le petit bonhomme, qui tranchait du personnage important depuis le succès de son coup d'essai et semblait croire qu'on n'était un homme qu'à la condition de ne jamais se séparer de son fusil.

Nos chasseurs reprirent le chemin de la Vallée verte, cette fois en tournant le dos à la caverne des Ours. Arrivés à la Tour des Arabes, nom dont ils avaient baptisé l'éminence du haut de laquelle Fritz avait pris les autruches pour des hommes à cheval, le père laissa les deux garçons les plus jeunes aller en avant, et, sans les perdre de vue, s'arrêta avec Fritz pour recueillir la gomme des euphorbes, qui avait coulé des fentes pratiquées dans le tronc de ces arbustes.

La cueillette finie, ils s'aperçurent que leurs compagnons avaient dépassé de beaucoup le nid d'autruche; ils s'éloignaient sans doute dans l'intention de faire une battue et d'attraper une autruche vivante. Le plan était bien combiné. M. Arnold et son fils venaient

AUTRUCHE.

d'atteindre la place du nid, lorsqu'ils virent quatre autruches se précipiter hors des roches au pied desquelles ce nid était établi. Comme elles étaient cernées d'un côté par M. Arnold et Fritz, de l'autre par Jack et Franz, il leur était difficile de s'échapper. Dès qu'elles furent à portée, le père lança son lasso sur l'une d'elles, mais le lasso, au lieu d'entraver les jambes, s'enroula autour du corps. Les mouvements de l'autruche furent un moment paralysés. Grâce à sa vigueur naturelle, l'animal serait probablement parvenu à se dégager; mais en un clin d'œil Fritz déchaperonna son aigle, qui se jeta sur l'autruche, se cramponna à sa tête et l'arrêta au moment où elle allait s'enfuir. Jack lui lança immédiatement le lasso, et, plus adroit que son père, atteignit les pattes, qui s'embarrassèrent dans les nœuds; l'autruche tomba.

L'animal était vaincu, et il ne restait plus qu'à le garotter assez solidement pour déjouer toute tentative de fuite. On lui jeta un mouchoir sur la tête, ensuite on lui lia les ailes avec une large courroie qui se rattachait à une corde fixée aux colliers des buffles. Elle avait l'air d'un malfaiteur entre deux gendarmes.

Tandis que Jack et Franz, montés sur leurs buffles, emmenaient l'autruche à la Tour des Arabes, et les autres se dirigèrent vers le nid. Une femelle était en train de couver, donc le nid n'était point abandonné. Pensant que quelques-uns des œufs couvés pouvaient contenir des petits, on en prit une douzaine, laissant les autres enfouis dans le sable, afin que la mère, en revenant, pût achever de les couver. Ensuite la petite caravane reprit joyeusement le chemin de la tente, en passant par la Vallée verte, du côté de la caverne aux Ours.

Nos jeunes gens pensaient que leur mère serait, comme eux, émerveillée du gigantesque prisonnier qu'ils lui amenaient. Mais la bonne ménagère n'y vit guère qu'une bouche ou plutôt un bec de plus à nourrir. Et quel bec! La ration de plusieurs animaux de taille ordinaire n'y suffirait pas. Elle ne pouvait comprendre pourquoi on lui amenait un pensionnaire aussi encombrant, et qui, selon toute apparence, ne servirait qu'à dévorer la portion des autres. Jack tenait sa réponse prête. Il comptait dresser l'énorme oiseau, de façon à en faire une monture à la fois distinguée et originale.

C'était son affaire. L'animal dressé, il n'y aurait plus de distances, et l'on pourrait, en peu de jours, se renseigner sur la situation géographique de l'île.

La rapidité avec laquelle Jack accomplissait ces merveilles égaya beaucoup les siens. Mais leurs rires ne le déconcertèrent point.

« Rira bien qui rira le dernier, dit-il. Ernest héritera de mon buffle aussitôt que je pourrai monter mon autruche. En attendant, et vu l'emploi que je lui destine, je lui donne le nom de Brausewind (vent impétueux), et nous verrons bien si Brausewind, placée sous ma direction, se montrera plus bête que ses futurs camarades. »

La tournée, pour cette fois, allait finir, et pendant le souper, qui fut court, on convint d'un commun accord que l'on retournerait le plus tôt possible à Felsenheim, en passant par Waldeck, où l'on camperait jusqu'au lendemain.

Le cortège, accru de mademoiselle Brausewind qui trottait les yeux bandés entre les deux buffles, se mit en marche au point du jour, et l'on ne s'arrêta qu'au défilé des rochers, où les enfants voulaient reprendre les plumes dont ils s'étaient servis pour effrayer les autruches, et à Zuckertop, pour emporter les jambons de pécari, qui devaient maintenant être convenablement fumés et bons à manger.

Les voyageurs arrivèrent très fatigués à la métairie. L'heure était avancée, et, aussitôt après avoir dételé les animaux, ils soupèrent et se couchèrent. Le lendemain, M. Arnold constata avec plaisir que, parmi les poussins éclos par les soins des poules couveuses, se trouvaient plusieurs gelinottes que la ménagère voulut emporter à Felsenheim, le palais d'hiver, l'endroit où l'on retournait toujours le plus volontiers.

On y arriva enfin vers midi, et c'est à peine si, ce jour-là, on trouva le temps de dîner, tant il y avait à faire. Tandis que les deux plus jeunes garçons aidaient leur mère à remettre tout en ordre dans la maison, les aînés s'occupaient avec leur père à déballer et à ranger les objets que l'on venait de rapporter. Tout d'abord, on chercha un logement à l'autruche. On l'installa très confortablement dans le vaste berceau de feuillage qui s'étendait, comme un grand vestibule vert, devant l'entrée de l'habitation. Les œufs d'autruche furent nettoyés à l'eau tiède. Ceux dans lesquels on pouvait supposer un reste de vie furent étendus sur un lit de coton, introduits dans le four à sécher et maintenus à la température de la mère couveuse ; les lapins angoras furent transportés et lâchés le jour même dans l'île du Requin, en attendant qu'on eût le temps de s'occuper d'eux et de leur construire une cabane.

Ce ne fut pas sans regret que l'on se sépara des antilopes naines. C'étaient de mignonnes petites bêtes, qui mesuraient tout au plus douze pouces de long. Si on les avait gardées, elles auraient été houspillées par les autres animaux, et surtout par les chiens. On leur donna pour résidence la charmante île de la Baleine. Quelques tor-

RAMEAU DE POIVRIER.

tues de terre que l'on avait trouvées aux environs de Zuckertop, furent déposées parmi les roseaux de la mare aux Oies. Jack, que l'on avait chargé de la commission, rapporta une anguille magnifique; une partie fut salée et l'autre mangée le jour même.

On planta des rejetons de poivrier et des fruits à odeur de vanille au pied des colonnes de bambou qui supportaient le toit avancé de l'habitation, et l'on construisit une jolie petite cage assez élevée, pour mettre les gelinottes à l'abri des taquineries de maître Knips et du chacal, son camarade en malice.

Le condor et le vautour, que l'on se réservait d'empailler pendant les loisirs créés par la saison des pluies, furent provisoirement placés dans le musée d'histoire naturelle ; les feuilles de mica et la terre à porcelaine furent portées dans l'atelier, en attendant que l'on trouvât le temps d'en tirer un parti convenable.

Les peaux d'ours, assujetties par de grosses pierres, furent plongées dans la mer, car elles avaient besoin d'un bon lessivage ; les peaux de rats musqués furent suspendues dans un endroit aéré, pour que leur odeur malsaine et suffocante pût s'évaporer sans incommoder personne.

Restaient les pièces d'animaux fumés, jambons d'ours et de pécaris, plus une petite tonne de graisse comestible que la mère réclama pour son garde-manger, plus la provision de gomme d'euphorbe, sur laquelle le père eut la précaution d'inscrire le mot *poison*, et dont il se réserva l'usage.

Ces premiers travaux terminés, il fallut penser à labourer les terres, à préparer les peaux d'ours, à apprivoiser l'autruche. Comme nos colons étaient novices au travail du défrichement, il leur parut très dur et ils comprirent la vérité de la parole biblique : « Tu mangeras ton pain à la sueur de ton front. » On se contenta de défricher environ un arpent de terrain, où l'on sema de l'orge, du froment, du maïs, le tout mélangé de graines différentes comme on l'avait fait précédemment, et une petite langue de terre, placée de l'autre côté du ruisseau du Chacal, fut consacrée à la culture du manioc et à celle des pommes de terre.

Pendant les heures de repos, celles où la chaleur interdisait les travaux manuels, on s'occupait de l'éducation de l'autruche ; c'était une tâche beaucoup moins facile que Jack ne l'avait d'abord supposé. Le pire, c'est que dans son désespoir d'être captive, la pauvre bête refusait toute nourriture. On allait renoncer à la mater, et lui rendre cette liberté sans laquelle elle paraissait ne pouvoir vivre, quand madame Arnold eut l'idée de la prendre par la gourmandise. Des boulettes faites de maïs et de beurre frais, pareilles à celles qui servent à engraisser les chapons, opérèrent un miracle. Non seulement l'autruche les avalait avec avidité, et devenait moins sauvage, mais, à partir de ce moment, elle sembla résolue à ne point se laisser mourir de faim. Tombant d'un excès dans l'autre, la nouvelle convertie se montra si vorace, qu'on ne savait plus comment satisfaire son appétit. C'était ce que madame Arnold avait craint tout d'abord. Par bonheur, l'autruche s'administrait un supplément économique en avalant les cailloux qui se trouvaient à sa portée. Une corde assez longue lui permettait d'ailleurs de prendre de l'exercice. Elle paraissait tout à fait résignée à sa condition actuelle, et l'on en profita pour s'assurer si son intelligence serait proportionnée à sa taille. La tentative, tout originale qu'elle pût sembler, devait réussir, et le maître, c'est-à-dire Jack, fit si bien, qu'en moins d'un mois mademoiselle Brausewind était sur le point de devenir un coursier accompli.

Il n'était plus permis de la croire sotte; néanmoins on était assez embarrassé pour en tirer parti. Avait-on jamais vu en dehors de la mythologie un coursier ailé? Et encore Pégase n'était-il point un oiseau, mais un simple cheval, auquel l'auteur de la fable s'était contenté d'adapter des ailes. Passe encore pour les ailes, mais comment passer un mors dans le bec d'un oiseau?

En lui mettant un mouchoir sur les yeux pour la dompter, puis en retirant le mouchoir qui l'aveuglait, M. Arnold avait pu remarquer combien cette bête nerveuse était sensible à la double influence de l'ombre et de la lumière. Il eut l'idée, singulière sans doute, mais ingénieuse, d'un petit capuchon de cuir, pourvu sur les côtés d'œillères mobiles que l'on pouvait ouvrir et fermer à volonté. Si l'on baissait une des œillères, l'autruche se dirigeait du côté de la lumière : elle s'arrêtait si on les baissait l'une et l'autre; si, tout au contraire, on les ouvrait toutes deux, elle allait droit devant elle.

Ce fut toute une affaire que de construire la selle; l'équipement terminé, on s'empressa de constater jusqu'à quel point on pourrait tirer parti de l'autruche. Elle était surtout merveilleuse comme cheval de course, et justifiait parfaitement son nom par la rapidité avec laquelle elle accomplissait les plus longs trajets.

On n'est pas parfait, et, pour rester vrai, je dois dire que la propriété de l'autruche ne fut pas sans soulever quelques mouvements d'envie. On essaya de se consoler en se disant que si les œufs venaient à éclore, chacun aurait son autruche. Les petits sortirent de l'œuf, mais, en dépit des soins que l'on prodiguait à ces frêles créatures, ils ne vinrent au monde que pour mourir aussitôt.

La préparation des peaux d'ours avait parfaitement réussi, et ce travail avait marché de pair avec d'autres travaux utiles. Le vinaigre de miel, qui avait remplacé le tan ordinairement employé pour la préparation des peaux, avait en outre fourni les éléments d'une boisson agréable, fort saine et très rafraîchissante. Le succès de ces entreprises en provoqua d'autres, et la joie fut complète quand, un matin, à déjeuner, madame Arnold sortit de son armoire une jolie coiffure rouge, en feutre, qui était destinée à Franz et avait la forme d'un béret basque.

CHAPITRE XXV

Le béret ne fit pas moins d'envieux que n'en avait fait l'autruche. Pour tranquilliser les esprits et satisfaire les instincts de coquetterie de ses garçons, le père dut promettre que chacun aurait son béret, à condition qu'il se chargerait de fournir le poil nécessaire à la fabrication du feutre.

Au milieu d'occupations si absorbantes et si diverses, la saison des pluies était venue sans qu'on eût eu le temps de s'en apercevoir. Désormais confiné au logis, M. Arnold voulut voir si le métier de potier lui réussirait aussi bien que les autres. Il s'installa dans la salle à manger, qui formait un atelier commode ; puis il se construisit un tour avec une roue de canon adaptée à un axe de bois. Il fixa sur la roue une planche circulaire.

Les débuts du nouveau potier furent modestes. Il commença par fabriquer quelques vases destinés à la cuisine, et des jattes pour conserver le lait, qui s'aigrissait promptement dans les calebasses. Ces objets étaient d'un aspect primitif. M. Arnold chercha à perfectionner ses œuvres et parvint bientôt à leur donner une certaine originalité en les enduisant d'une sorte d'émail fait avec de la poudre de verroterie pilée. Après quelques tentatives malheureuses, il fut très fier, un matin, de placer sur la table de la porcelaine de sa façon ; il y avait six assiettes, six tasses à café et un petit sucrier. Mais ce qui s'énumère en deux mots avait exigé de longs préparatifs. Il avait fallu des modèles ; sur ces modèles très imparfaits, des moulages en plâtre avaient donné la forme aux objets fabriqués, etc., etc.

Malheureusement, la provision de terre s'épuisa avant le retour de la belle saison, et, comme il était impossible de la renouveler, il fallut interrompre la fabrication de la vaisselle. L'empaillage du condor et du vautour, qui devaient faire les plus beaux ornements du cabinet d'histoire naturelle, fit diversion aux travaux dont je viens d'entretenir le lecteur. Sans être très difficile, le métier d'empailleur exige de l'adresse et quelques connaissances en histoire naturelle et en dessin. Après avoir donné de la souplesse aux peaux en les plongeant dans de l'eau tiède, et les avoir préservées de la corruption en les saupoudrant de poudre de gomme d'euphorbe, il s'agissait de leur faire reproduire la forme exacte de l'animal. M. Arnold y parvint en les appliquant sur une sorte de mannequin qui figurait la structure du corps des deux oiseaux. De petites baguettes entourées de coton furent placées dans le cou; les ailes furent redressées et maintenues en place par de petits morceaux de fil d'archal; enfin, quatre petites boules de porcelaine, que l'artiste peignit et fit cuire, imitèrent très naturellement les yeux ronds et le regard vorace du condor et du vautour.

Le soin de s'instruire, si nécessaire à tout âge, mais surtout dans la jeunesse, n'était point négligé; on faisait des lectures, on prodiguait les explications verbales; Ernest donnait des leçons au petit Franz dont il s'était fait le précepteur; ces occupations remplissaient utilement les instants où l'on se reposait de tout travail manuel, les soirées par exemple. Avant tout, on étudiait soigneusement la flore de l'île, dont on avait recueilli d'intéressants échantillons pendant la belle saison; on essayait de pénétrer plus profondément dans la connaissance du beau pays où les hasards de la vie avaient jeté la famille.

Une description du Groënland, par l'effet du contraste, amusa beaucoup les enfants, et suscita dans l'esprit de Fritz une idée originale.

« Grâce à Brausewind, dit-il, nous franchissons les distances avec la rapidité de l'oiseau. Pourquoi ne pas construire, à l'exemple des Groënlandais, un de ces kaïaks qui leur permettent de naviguer avec une vitesse prodigieuse? »

Le père de Fritz et son frère accueillirent la proposition avec enthousiasme; seule la pauvre mère protesta.

« Encore du nouveau! s'écria-t-elle. N'avez-vous pas la pinasse, et vous faut-il sans cesse vous ingénier à des inventions dangereuses? N'aurez-vous point pitié de la pauvre mère qui, ne pouvant vous suivre, meurt de frayeur quand vous n'êtes pas là? »

On tâcha de la rassurer en lui expliquant que le kaïak, espèce de canot fait en peaux de chiens de mer, présentait au contraire des garanties de sécurité très grandes pour le navigateur, et ne pouvait qu'abréger les inquiétudes de ses proches par la rapidité du retour.

Le travail était si intéressant, et l'on avait de si excellentes raisons pour le terminer le plus tôt possible, que l'on se mit immédiatement à l'œuvre. Ce n'était pas une mince besogne. Avec les fanons de la baleine, qui avaient la courbure voulue, on fabriqua deux quilles de douze pieds qui s'emboîtaient l'une dans l'autre. On y adapta des roulettes pour faciliter le transport du kaïak sur terre. Après avoir réuni les deux arcs de fanons par des bambous, on attacha solidement leurs extrémités, en réservant deux petites cordes entre lesquelles un troisième bambou placé perpendiculairement reliait les côtés élevés du kaïak. Les quilles furent réunies à l'aide d'une bande de cuivre à laquelle on attacha un anneau de fer pour amarrer l'embarcation.

Les côtes furent confectionnées avec des bambous, sauf dans la partie la plus élevée du canot, où l'on mit un roseau du genre de ceux qui poussaient dans la mare aux Oies. Excepté l'ouverture ménagée pour le rameur, le tillac couvrit toute la surface de l'embarcation. Cette ouverture était d'ailleurs ménagée de telle façon que l'eau n'y pouvait pénétrer.

La carcasse du kaïak était achevée; restait à l'envelopper des fameuses peaux de chiens de mer; cette opération suivit celle du calfatage, qui devait achever de le rendre imperméable. Toutes les fentes ayant été soigneusement bouchées avec du goudron et de la mousse, on recouvrit encore le tillac de peaux de chiens de mer et ces peaux elles-mêmes furent fixées sur des bambous formant rebord autour de l'embarcation. Comme le constructeur voulait réserver à l'avant du tillac la place nécessaire pour y fixer plus tard un mât et une voile, il avait placé un peu en arrière le trou destiné au rameur. En attendant que le mât fût terminé, l'esquif devait être dirigé à l'aide d'un aviron à deux palettes un peu plus long que les avirons ordinaires. On ajouta à l'une des palettes une vessie enduite de poix, en cas que le rameur se laissât choir à la mer.

Le dernier mot n'était pas dit sur la question du kaïak, car il fallait des vêtements spéciaux pour qu'on pût le conduire sans danger et sans s'exposer à un refroidissement. Là commençait la tâche de la bonne mère, qui fit appel aux ressources de son imagination et finit par inventer un costume de sauvetage plus pratique qu'élégant. C'était une sorte de fourreau qui, tout en lui laissant la liberté de ses mouvements, engainait complètement le rameur et venait s'adapter hermétiquement aux parois du trou creusé pour le recevoir. Et, comme on ne saurait prendre trop de précautions, entre les deux peaux superposées qui formaient le vêtement et la doublure, on pouvait insuffler de l'air au moyen d'un petit tuyau muni d'un bouchon. Grâce à cet appareil, le rameur pouvait se maintenir sur l'eau en gonflant le vêtement qui avait été fabriqué à son usage.

Je n'ai pas besoin de dire que, malgré des occupations aussi variées qu'intéressantes, on attendait avec impatience le retour de la belle saison. Naturellement, on désirait prendre l'air, et puis l'on voulait savoir si le kaïak répondrait à l'attente des constructeurs; Fritz surtout se faisait une fête de le mettre à l'épreuve. Il fut lancé à la mer par une belle journée tiède et calme; Fritz, en sa qualité de futur pilote, n'avait pas manqué d'endosser la veste de sauvetage. Comme le vent gonflait l'étoffe, et produisait ainsi des protubérances assez considérables, Fritz y attrapa le surnom de Polichinelle.

Fritz, aussi indifférent aux railleries de ses frères que sensible aux encouragements de ses parents, continuait à avancer bravement, tandis que les siens, dans le canot ordinaire, le suivaient dans sa course vers l'île du Requin, où l'on avait déporté les antilopes. Les pauvres petites bêtes se portaient à merveille, et leur râtelier vide dans leur jolie maisonnette prouvait qu'elles y cherchaient volontiers un abri. On eut soin de renouveler leurs provisions de maïs mélangé de glands doux et de sel. Les excursionnistes n'oublièrent pas le cabinet d'histoire naturelle, et ne quittèrent pas l'île sans aller à la recherche des coraux et des coquillages curieux. Certaines algues avaient attiré l'attention de la ménagère, qui pria ses garçons d'en ramasser quelques bottes. Elle refusa absolument de dire ce qu'elle comptait faire de ces feuilles longues, sèches, dentelées, qu'elle mit au four après les avoir lavées et fait sécher au soleil. L'explication ne se fit pas attendre. Un jour où les siens revenaient fatigués, altérés, harassés d'une course à Falkenhorst, la bonne ménagère déclara qu'elle allait leur servir certains rafraîchissements.

LES ANTILOPES AVAIENT PROSPÉRÉ DANS L'ILE.

« Au moins que cela sorte de chez un bon limonadier, » lui cria son mari. Elle répondit qu'elle ne se fournissait que dans les meilleures maisons, et revint bientôt après chargée d'un plateau sur lequel une gelée de la couleur la plus appétissante tremblotait dans un plat formé d'une moitié de courge.

La stupéfaction fut générale. On mangeait, dans une île perdue de l'Océan, des friandises qui n'eussent pas été déplacées sur une table princière. « C'est délicieux ! » s'écria-t-on à l'unanimité, et quand la chère femme, accablée de compliments et de remerciements, put enfin prendre la parole, elle déclara que cette friandise exquise avait été préparée d'après une recette recueillie au Cap, où l'on avait séjourné plusieurs jours. Le vinaigre, le miel, le ravensara mélangé à d'autres aromates, avaient remplacé avec avantage le jus de citron dont les ménagères du Cap se servaient pour parfumer le jus des plantes marines dont se composait la gelée.

L'état prospère dans lequel nos colons avaient retrouvé leurs plantations de l'île du Requin pouvait faire espérer pareil succès dans l'île de la Baleine. Il n'en était rien, et tout était à recommencer. Sans doute la famille des lapins s'était prodigieusement multipliée, mais les dégâts qu'elle avait commis étaient en proportion avec le nombre des nouveaux venus. Les lapins s'étaient infiniment moins bien comportés que les antilopes. Ils avaient dévoré les semis et rongé jusqu'à l'écorce des cocotiers. La pépinière était perdue, et le seul moyen de préserver celle que l'on se proposait d'établir était de reléguer les lapins derrière une haie de plantes épineuses.

La carcasse de la baleine séjournait encore sur la rive, mais tellement blanchie par le soleil, tellement nettoyée par l'avidité des oiseaux de proie, que l'on put emporter sans répugnance et sans inconvénient quelques parties du squelette.

CHAPITRE XXVI

A mesure que les produits devenaient plus abondants, les occupations allaient se multipliant. Tandis que les enfants donnaient la chasse aux rats-castors pour se procurer des chapeaux neufs, le père, qui s'était mis en tête de construire un moulin à pilon, choisissait l'arbre et ramassait de la terre glaise.

Comme il cherchait son arbre dans le bois le plus voisin du ruisseau du Chacal, il eut le chagrin de constater d'épouvantables dégâts dans une plantation de manioc et de pommes de terre. Les tra es laissées par les maraudeurs montraient clairement à quelle espèce ils appartenaient. C'étaient des empreintes de pieds de cochons, qui s'étendaient jusqu'à l'ancien champ de pommes de terre situé dans le voisinage de Falkenhorst. Arrivé à cet endroit, M. Arnold regardait de tous côtés pour découvrir les malfaiteurs, lorsque les chiens aboyèrent ; il en conclut que les brigands ne devaient pas être loin. Un sourd grognement confirma ses soupçons. Il accourut, et vit un groupe menaçant qui tenait tête aux chiens. Ce groupe se composait d'une truie et de ses gorets. C'était précisément cette vieille truie à qui il avait donné la liberté avec mission de propager sa race. Elle avait si bien rempli sa mission, que le fermier, malgré sa bonté naturelle, fut violemment tenté d'exterminer cette engeance maudite. Pourtant, sur huit gorets qui entouraient la mère, il n'en tua que trois ; les autres disparurent derrière les broussailles, effrayés par les cris des chiens qui leur donnaient la chasse avec un ferme propos de les mettre en pièces. Après avoir chargé son gibier sur le traîneau qu'il avait laissé à peu de distance, après avoir marqué, à la manière des bûcherons, l'arbre qu'il avait choisi, M. Arnold retourna à la grotte. La mère était seule avec Ernest, qui avait passé la plus grande partie de la journée à lire, et elle attendait impatiemment le retour de ses autres enfants. Le jour baissait, et le père commençait à partager les inquiétudes de sa femme, lorsqu'on vit enfin paraître les retardataires. Le cortège était conduit par Jack, qui, monté sur son autruche, fit une entrée triomphale. Cette fois, la chasse avait été digne des temps bibliques. Brummer, qui suivait l'autruche, escorté de Fritz et du petit Franz, portait deux sacs énormes, d'où l'on tira successivement quatre oiseaux, vingt odontras, un kangurou, un singe, deux animaux ressemblant à des lièvres et plusieurs rats-castors d'une espèce différente de ceux dont on a parlé. Dans l'enthousiasme provoqué par la vue du contenu des deux sacs, on ne remarqua point une poignée de gros chardons que Fritz venait de déposer sur un meuble. Jack, un peu grisé par le grand air et par la rapidité de sa monture, parlait bruyamment, et sans paraître se douter que les autres pouvaient avoir également quelque chose à dire. Après un discours assez long et assez vague, dans lequel il n'était absolument question que de l'autruche et de lui-même, il s'arrêta tout à coup, surpris de voir errer un sourire sur les lèvres de son père. Fritz, qui était la bonté même, se chargea de réparer la petite maladresse du jeune orgueilleux. « Maintenant, dit Fritz, je vais faire une requête qui mettra, je l'espère, tout le monde d'accord, et m'adresser pour cela au sommelier chargé d'administrer la cave paternelle. Les chasseurs ne reviennent pas les mains vides; ils seraient bien contents si, pour réparer leurs forces, on consentait à déboucher à leur intention une bouteille de vin muscat. »

Ce discours eut plus de succès que le premier.

« Approuvé, s'écria gaiement le père. J'y mets cependant une condition, c'est que dorénavant vous ne partirez plus, comme vous l'avez fait ce matin, sans y être autorisés par vos parents. C'est bien le moins que vous ne nous quittiez pas sans nous dire où vous allez. Votre pauvre mère tout à l'heure se mourait d'inquiétude à votre sujet, méchants gamins. Assez de reproches : après tout, vous avez bien travaillé. Allez dételer vos montures, et venez manger. »

Jamais souper ne parut plus succulent ni plus gai. La bonne humeur de la ménagère, qui accompagnait tous ses plats d'une explication plaisante, appropriée à la circonstance, en augmentait la saveur. Il y avait du « cochon de lait à l'américaine, de la salade

LE CORTÈGE ÉTAIT CONDUIT PAR JACK.

des antipodes, de la gelée hottentote ». Ce n'était pas tout : en allant chercher une bouteille du fameux hydromel, que nos chasseurs avaient intitulé « vin muscat », elle rapporta un plat de beignets de cassaves. L'apparition des beignets provoqua des applaudissements unanimes, et la soirée, égayée par les récits des jeunes chasseurs, fut certainement l'une des meilleures dont la famille eût conservé le souvenir.

Fritz avait raconté les exploits de la journée : dans les environs de Waldeck, ses frères et lui avaient passé la plus grande partie du jour à tendre leurs pièges; ils avaient pris les rats-castors avec de petits poissons, les odontras avec des carottes jaunes enfin ils avaient dîné avec du poisson frais et du ginseng grillé.

Jack, encore un peu humilié de la leçon qu'il venait de recevoir, interrompit plusieurs fois le récit de son frère. Il insistait sur les hauts faits de son chacal qui avait fait lever les deux lièvres sous le nez de son maître, et, sous celui de Franz, le kangurou qui pour la première fois de sa vie avait fait connaissance avec la poudre.

Fritz, qui s'était tu pour laisser parler Jack, attira l'attention générale sur les chardons qu'il avait déposés sur une table ; comme les piquants se terminaient par une sorte de crochet, ces chardons pouvaient servir à carder le feutre. Il rapportait aussi de petits pommiers à cannelle, enfin il avait débarrassé la terre d'un grand vilain singe qui semblait en hostilité ouverte avec l'espèce humaine, car ce singe avait failli le tuer en lui jetant de grosses noix de coco à la tête.

Fritz n'avait jamais l'air de se vanter. La simplicité, la rondeur, l'absence absolue de toute hâblerie rendaient son caractère extrêmement sympathique. Sa mère le remercia par un baiser au front. « Tu es un bon garçon, » lui dit-elle.

Le lendemain, quand le père déclara que l'on allait écorcher le gibier, tout le monde fit la grimace. Mais l'apparition de M. Arnold, qui avait disparu un instant, provoqua un rire général.

Le père, d'un air grave et solennel, arrivait armé de l'instrument dont les matassins menacent M. de Pourceaugnac; cet instrument d'ailleurs était de gros calibre. L'effet était si comique, que M. Arnold, partageant l'hilarité générale, essaya vainement d'abord d'expliquer les motifs de sa transformation en apothicaire. Les rires ayant fini par se calmer, on apprit, non sans quelque surprise, que l'instrument chirurgical allait recevoir une destination jusque-là inconnue dans la science. De fait, il ne s'agissait de rien moins que de le transformer en une sorte de machine pneumatique, à l'aide de laquelle le dépouillement du gibier se ferait pour ainsi dire tout seul. M. Arnold cette fois encore se montra habile mécanicien. En pratiquant une ouverture dans le bouchon du piston et en y adaptant deux soupapes,

RAMEAU DE CANNELLIER.

il obtint une machine de compression imparfaite sans doute, mais qui ne laissait point d'avoir son petit mérite. Quand on tirait le piston, l'air pénétrait, entre les deux soupapes, dans l'instrument, et quand on le repoussait, la soupape s'ouvrait dans le petit tuyau, laissant violemment ressortir l'air comprimé.

Le premier essai, qui se fit sur le kangurou, réussit à merveille. L'ayant suspendu par les pieds de derrière, M. Arnold lui fit au ventre une incision par laquelle il introduisit la partie effilée de l'instrument. Sous une forte insufflation, le corps de l'animal s'enfla d'une manière extraordinaire ; la peau se détacha presque complètement de la chair. Les enfants stupéfaits se demandaient si, par hasard, leur père ne serait pas un peu sorcier. Mais le père, en peu de mots, leur fit comprendre que le phénomène qui les surprenait si fort était produit tout simplement par la conformation du tissu cellulaire, autrement dit, par la présence de certaines vésicules placées entre cuir et chair. Si ces vésicules, qui contiennent des corps gras, se remplissent d'air, elles se dilatent, se déchirent, et la peau, n'adhérant plus à la chair, s'en détache d'elle-même.

Ce jour-là, grâce à l'invention de la nouvelle machine, la besogne alla vite, et fut achevée le soir même.

Le moulin était construit ; les semailles réussissaient au delà de toute espérance ; on songea enfin à essayer le fameux kaïak, dont Fritz avait été nommé solennellement le capitaine.

Son installation dans le bâtiment qu'il allait diriger avait donné lieu à une petite cérémonie. Comme s'il s'agissait d'armer un chevalier ou d'habiller un évêque, tous s'étaient empressés autour de lui pour le munir des insignes de sa dignité nouvelle et pour le voir manœuvrer.

Revêtu de son costume maritime, fier comme Neptune commandant aux flots, notre capitaine s'installa dans le kaïak et alla se blottir dans le trou de l'embarcation. Son costume adapté à la rainure pratiquée autour de cette ouverture, il procéda au gonflement et ne tarda point à ressembler à une énorme grenouille.

Le canot ayant été poussé en mer, le jeune navigateur, complètement abandonné à lui-même, entonna un chant de triomphe. Les rires de ses frères faisaient écho : et le père, confiant dans l'habileté de son fils, et tout fier de le voir aussi fort et aussi brave, partageait la gaieté de ses enfants. La mère seule n'était pas tranquille, et, les larmes aux yeux, supplia son mari de préparer un canot, afin de pouvoir voler au secours de Fritz s'il venait à courir le moindre danger.

A en juger par la façon calme et sûre dont le jeune marinier accomplissait les évolutions les plus compliquées, il était peu probable que l'on eût à le secourir. Le spectacle était des plus amusants et des plus intéressants. Après s'être balancé tranquillement sur les eaux calmes de la petite baie, Fritz, s'aidant de la double rame, poussa son canot en droite ligne avec la rapidité d'une flèche. Il l'inclinait à droite et à gauche, puis voulant prouver qu'il ne courait pas le moindre danger, il faisait chavirer le kaïak; cet exercice arrachait des cris d'effroi à sa mère, et lui valait de bruyants applaudissements de la part des autres.

Enhardi par le succès, le jeune téméraire se hasarda plus loin, et le courant du ruisseau du Chacal, dans lequel il eut l'imprudence de s'engager, l'emporta rapidement en mer.

Tout en cherchant à rassurer sa femme, dont l'inquiétude s'accroissait à mesure que l'enfant s'éloignait, le père ne se sentait pas parfaitement tranquille. Il monta dans le canot, accompagné de ses trois autres fils, et se mit à la poursuite du fugitif, qui était devenu complètement invisible.

Le canot, qui grâce au nombre des rameurs rasait les flots avec une rapidité incomparable, eut bientôt porté les quatre passagers vers le bas-fond où jadis le vaisseau avait échoué. Le père, pensant que Fritz avait pu être jeté par là, se dirigea vers un endroit d'où l'on eut quelque peine à sortir. Un amas de rochers, dont quelques-uns à fleur d'eau, et d'autres plus élevés, formait là une sorte d'archipel d'écueils dont la vue masquait l'horizon.

Nos mariniers tournaient, sans pouvoir en sortir, dans cette espèce de labyrinthe quand une petite colonne de fumée, presque aussitôt suivi d'un coup de feu, s'éleva à une certaine distance. Évidemment, Fritz n'était pas loin; le père, à son tour, donna un signal; un deuxième coup de feu répondit, on fit force de rames, et peu après on rejoignait le fugitif.

Après avoir regardé une vache marine que Fritz venait de tuer et qui gisait, échouée, sur un quartier de rocher, le père fit un petit sermon au jeune aventurier. Celui-ci s'excusa en alléguant la violence du courant, qui l'avait poussé en pleine mer pour y faire l'essai du kaïak et des harpons. Le père était trop heureux de retrouver son fils pour lui tenir rigueur; il le pria simplement de songer, à l'avenir, aux inquiétudes que son imprudence pourrait faire naître. Il ne fut plus question de cet incident, et, après avoir enlevé à la vache marine sa tête et ses défenses destinées à figurer

FRITZ POUSSA SON CANOT AVEC LA RAPIDITÉ D'UNE FLÈCHE.

comme ornement à la proue du kaïak, on se disposa à rentrer au port.

Tandis que Fritz, dans son kaïak, prenait les devants, le père, parfaitement rassuré, répondait aux questions de ses fils qui lui demandaient quelques explications scientifiques. Ernest, entre autres, désirait savoir grâce à quels calculs son père avait pu, tout à l'heure, préciser, d'après la détonation d'un coup de feu, à quelle distance se trouvait Fritz.

« Nous savons, grâce à la physique, répondit le père, que, la lumière parcourant soixante-dix mille lieues par seconde, on peut, pour la distance dont il s'agit, regarder sa transmission comme

MORSE OU VACHE MARINE.

instantanée et j'ai vu le coup au moment même où il a été tiré. Mais le son, dans le même temps, ne parcourt qu'environ trois cent trente mètres. Trois secondes s'étant écoulées entre le moment où j'ai vu paraître la fumée et celui où j'ai entendu la détonation, j'en ai conclu que Fritz devait se trouver à une distance de trois fois trois cent trente mètres, c'est-à-dire de près de mille mètres, autrement dit un quart de lieue. »

Pendant qu'ils causaient ainsi, l'activité des rameurs s'était un peu ralentie, et ils n'avaient pas fait attention à l'approche de la tempête qui menaçait de fondre sur eux d'un instant à l'autre. Pourtant la tempête éclata, des rafales de pluie rétrécirent l'horizon, la vague soulevée et écumante dérobait à la vue le kaïak qui portait Fritz; même le bruit des voix fut dominé par l'effroyable tumulte. Quel moment cruel! penser que l'on avait pour ainsi dire couru au-devant du danger, éprouver en même temps de l'effroi et du remords, se voir obligé d'écarter sa pensée de celui que Dieu seul pouvait désormais sauver, afin de garder le sang-froid nécessaire pour éviter un surcroît de malheurs, toutes ces idées se croisaient dans la tête du malheureux père. Il se fit violence et, s'efforçant d'imposer silence à ses angoisses pour ne point faiblir, il ordonna immédiatement à ses enfants de revêtir leurs corsets de sauvetage, et de s'attacher solidement au canot, à l'aide de courroies, afin de ne point être emportés par les vagues. S'étant assuré que, de ce côté-là du moins, ses enfants ne couraient aucun danger, il prit les mêmes précautions pour lui-même et s'apprêta à redoubler d'énergie et de courage. Et de fait, il fallait un courage presque surhumain pour lutter contre des périls toujours croissants. Loin de se calmer, l'orage grandissait de minute en minute; les éclairs répandaient des lueurs sinistres à travers le chaos des éléments déchaînés; les vagues, hautes comme des montagnes, montaient vers le ciel pour retomber aussitôt, en avalanches menaçantes, sur le frêle canot qu'il était presque impossible de gouverner.

Accablé par les pensées les plus poignantes, n'espérant plus qu'en Dieu, affaibli par les secousses terribles que les balancements de la vague imprimaient à la barque, M. Arnold vit tout à coup briller une lueur d'espoir. A travers l'obscurité persistante et les bonds insensés de la lame, il lui sembla reconnaître l'entrée de la baie de la Délivrance. L'idée qu'on approchait du port ranima son courage : le pauvre père saisit la rame, et, d'une main enfiévrée, seconda si bien les efforts de ses enfants, qu'on ne tarda point à gagner le passage de rochers qui formait l'entrée de la baie.

Sans doute ils étaient sauvés, mais l'autre... Il y eut un moment d'incertitude plus douloureuse que le sentiment même du danger, un affreux serrement de cœur qui ne dura qu'un instant, sans doute, mais résuma toutes les angoisses qui peuvent torturer l'âme d'un père. Un regard, et l'anxiété fit place à une joie immense, à un bonheur inexprimable. Là, sur la plage, entre Franz et sa mère, le père venait d'apercevoir l'enfant qu'il croyait perdu. De telles émotions sont muettes, et tout d'abord on ne peut que pleurer et s'embrasser.

Quelques aliments bien chauds, des vêtements secs, furent rapidement préparés par les soins de la mère ; ensuite on s'occupa du canot et du kaïak, qui furent tirés sur la grève et dirigés avec leur chargement vers la grotte.

Les pluies torrentielles qui venaient de tomber avaient tellement grossi les ruisseaux qui descendaient des rochers, notamment autour de Falkenhorst, que quelques-uns de ces ruisseaux avaient débordé et l'inondation avait causé des dégâts sérieux.

Le large ruisseau du Chacal lui-même s'était enflé au point qu'il avait failli emporter le pont. Il fallut se mettre immédiatement à le consolider. C'était un travail d'autant plus considérable que, pour plus de sécurité et de solidité, M. Arnold jugea à propos, de transformer ce simple pont de planches en un pont-levis.

Les ouvriers, en arrivant le matin, remarquaient avec regret que leur présence faisait fuir des troupeaux d'antilopes et de gazelles qui paissaient au delà du ruisseau. Fritz surtout déplorait la sauvagerie de ces jolies créatures et l'impossibilité de les apprivoiser.

Ernest, c'est-à-dire le savant de la bande, profita de l'occasion pour placer une description détaillée d'un genre de terrain appelé *lèche à buffles*. On rencontre ce terrain dans certaines contrées de l'Amérique, notamment dans la Nouvelle-Géorgie, et il a la propriété d'attirer les ruminants, tant apprivoisés que sauvages. « Ces terres, dit-il, n'ont pas plus de trois ou quatre arpents, et le sol, en ces endroits, est mélangé d'une espèce de marne ou terre salée dont le goût plaît infiniment aux animaux en question. L'avidité avec laquelle ils lèchent cette terre est telle, que sur certains points de l'Europe, par exemple en Suisse, sur nos montagnes natales, on a établi des *lèche-sel* artificiels qui amènent le gibier sous le fusil des chasseurs, des chasseurs de chamois, par exemple. »

Les enfants, toujours à l'affût des inventions nouvelles ne se sentirent pas de joie en pensant qu'il suffirait d'établir des *lèche-sel* pour augmenter et embellir leur ménagerie.

Le père ne s'opposa point à leur projet. « Le sel mélangé à la terre de porcelaine ferait, dit-il, un appât excellent. Faisons donc une nouvelle provision de cette terre, et en même temps nous rapporterons de grands bambous dont j'ai besoin pour l'exécution d'un autre projet. » Les enfants ne parurent qu'à moitié satisfaits de la proposition.

Au lieu d'une petite promenade d'un jour, ils méditaient depuis longtemps une assez longue expédition. En dehors des colonies de Waldeck et de Prospect Hill, qu'il était indispensable de visiter, ils voulaient pousser des reconnaissances à droite et à gauche.

Le père n'avait aucun motif de s'opposer au désir de ses fils; tout au contraire, la peine qu'on s'était donnée pour l'établissement des deux fermes faisaient presque un devoir de ne pas les abandonner. D'ailleurs M. Arnold était trop occupé pour gaspiller son temps dans les péripéties d'une expédition à laquelle ses enfants pouvaient suffire. Ceux-ci lurent son consentement dans ses yeux, et battirent bruyamment des mains en signe d'allégresse.

Les préparatifs du voyage se firent tout de suite, et la grande question des provisions fut résolue par Fritz, qui prétendait avec raison qu'en fait de nourriture il fallait quelquefois se guider sur les habitudes américaines. En cette circonstance, il voulut imiter les marchands de pelleteries du Canada qui, dans leurs longues excursions à travers les tribus indiennes, n'emportent guère d'autre nourriture que du pemmikan, c'est-à-dire de la viande hachée, pilée, et réduite à un petit volume. La chair d'ours ou de chevreuil, étant plus nourrissante, leur paraissait préférable aux autres viandes.

La pauvre madame Arnold, qui était encore sous le coup de ses angoisses passées, ne vit pas sans chagrin un départ qu'elle n'approuvait pas, et dont elle ne faisait, par conséquent, les préparatifs qu'à contre-cœur. Pourtant elle comprit qu'elle ne pouvait s'opposer à l'exécution d'un projet qui en lui-même n'avait rien que de fort raisonnable. Elle prit donc courageusement son parti, et tourna sa mauvaise humeur contre le fameux pâté de viande, qu'elle appelait un mets indigne d'un chrétien, un mets de sauvages.

CHAPITRE XXVII

A l'importance de leurs préparatifs, le père comprit que ses enfants méditaient une excursion assez longue. Le vieux traîneau, transformé en voiture grâce à deux roues de canon, fut chargé d'outils, de sacs et de paniers de toute grandeur. On y mit aussi la tente, et, au grand chagrin de la pauvre mère, le kaïak, auquel elle en voulait encore des angoisses qu'il lui avait causées. Jack donna à son père une médiocre idée de sa sobriété, en plaçant furtivement sur la voiture un panier qui renfermait des pigeons, destinés, dans l'opinion de M. Arnold, à sa consommation particulière. Cependant il fit semblant de ne rien remarquer et se contenta de presser les préparatifs. Au moment du départ, Ernest, qui avait eu précédemment de longs apartés avec ses frères, déclara qu'il préférait rester avec ses parents. Le père, qui ne voyait pas sans tristesse s'absenter à la fois tous ses enfants et redoutait cette solitude moins pour lui-même que pour sa femme, parut enchanté de cette détermination. D'ailleurs maître Ernest ne manquerait pas d'ouvrage à la maison.

Après avoir quitté le logis avec force recommandations, prières et bons conseils, ils s'acheminèrent vers Waldeck, où ils devaient faire une première halte. Arrivés près de la métairie, ils s'arrêtèrent frappés par un bruit sinistre. Des éclats de rire qui semblaient sortir d'une poitrine humaine, mais qui avaient un son diabolique, les clouèrent pour ainsi dire au sol avec leurs bêtes. L'autruche, la plus nerveuse de toutes, prit la fuite, emportant son cavalier vers la rivière, et l'horrible rire reprenait de plus belle, comme pour narguer la petite troupe et lui prédire un sort fatal. Les buffles et les chiens refusèrent eux-mêmes d'avancer. Le sang s'était glacé dans les veines des malheureux enfants. Toutefois ils conservèrent assez de sang-froid pour chercher à découvrir l'origine de ce bruit étrange. Fritz mit pied à terre ainsi que son petit frère. Tandis que l'aîné s'efforçait de calmer l'attelage, le petit frère s'avançait à pas de loup, caché dans le taillis, afin d'observer sans être vu. Malgré les recommandations de Fritz, qui lui avait défendu de dépasser les taillis, le petit garçon, armé de son fusil, adressait des signes aux chiens qui semblaient hésiter à le suivre. Arrivé à la lisière du taillis, il tendit l'oreille et écarta le buisson qui lui masquait la vue. Ce qu'il vit lui fit presque pousser un cri d'horreur. A peu de distance de là, une hyène dévorait le cadavre du bélier. Elle ne quitta pas sa proie pour se jeter sur l'enfant, mais, interrompant son festin, elle se tourna

LA HYÈNE SE TOURNA VERS LUI.

vers lui et recommença à rire comme pour lui donner à entendre que son tour viendrait tout à l'heure. Le pauvre petit Franz ne trouva rien de mieux que de lâcher un coup de fusil. La balle, qui avait profondément atteint la bête à la poitrine, lui avait fracassé l'une des pattes de devant.

Fritz cependant avait enfin calmé ses animaux et les avait attachés à des arbres; au moment où il s'élançait très inquiet au secours de son petit frère, les deux chiens, Fauve et Brun se jetèrent sur le monstre et l'eurent bientôt terrassé. Tandis que ces hauts faits s'accomplissaient à Waldeck, on ne vivait guère tranquille dans le palais d'hiver. Le père, tout en se tourmentant, s'efforçait de rassurer sa femme; mais la pauvre mère, moins capable de dissimulation, ne pouvait s'empêcher de gémir. Seul Ernest avait une physionomie rassurante ; il ne disait que des paroles de bon augure, et comme son père, pendant le souper, le questionnait sur le sujet des derniers entretiens qu'il avait eus avec ses frères, le jeune homme se mit à sourire mystérieusement.

« Parions, dit-il, que dès demain nous saurons ce que deviennent nos chasseurs. »

Le père, le regardant avec surprise, lui demanda d'où ces nouvelles pourraient arriver.

« Tu oublies l'administration de la poste, mon cher papa, » répondit Ernest en riant.

Comme il disait ces mots, on vit rentrer un pigeon au colombier. L'obscurité empêchait de voir si le pigeon était un des hôtes habituels ou seulement un voyageur de passage. Ernest se leva précipitamment. « Voilà peut-être le facteur ! » s'écria-t-il.

Les parents, peu disposés à la plaisanterie, poussèrent un soupir. Pourtant, quelle ne fut pas leur surprise quand, au bout de cinq minutes, Ernest rentra tenant à la main un petit papier proprement plié en forme de lettre ! La pauvre mère, tremblante d'émotion, se jeta sur la dépêche, qui contenait les mots suivants :

« Bien-aimés parents et cher Ernest,

« Deux agneaux et un mouton sont devenus la proie d'une hyène énorme. Franz l'a blessée, les chiens l'ont achevée, nous avons passé la plus grande partie du jour à l'écorcher : la peau est superbe. Quant à ma cuisine, notre mère s'en défiait à juste titre. Le pemmikan est tout simplement un mets détestable.

« Waldeck, ce 15. »

Pauvre petit Franz ! gros comme un pinson, il avait tué une hyène ! Le père n'en revenait pas, et la mère, tout en remerciant Dieu d'avoir préservé son Benjamin, sanglotait à l'idée du danger qu'il avait couru. À l'en croire, il eût fallu partir sur-le-champ pour voler au secours des jeunes coureurs d'aventures. Mais le père, qui avait conservé son sang-froid, trouva qu'il valait mieux attendre l'arrivée d'un second messager pour décider quel était le meilleur parti à prendre.

On n'attendit pas longtemps. Dans l'après-dîner, à une heure peu avancée, un second pigeon revint au colombier, portant sous son aile le message suivant :

« Nuit calme. Matinée admirable. Navigation sur le lac de Waldeck. Capture de cygnes noirs. Héron royal, grues et macreuses. Animal inconnu. Demain à Prospect Hill. Adieu à tous.

« Votre Fritz. »

Ce petit billet était plus rassurant que le premier. Évidemment les enfants n'avaient pas vu d'autre hyène. Les autres faits indiqués dans le billet reçurent leur explication au retour des jeunes chasseurs.

Ils avaient voulu explorer le lac de Waldeck, et surtout s'assurer en quels endroits l'on pourrait approcher de l'eau sans enfoncer dans la vase. Fritz, voguant dans son kaïak, côtoyait le rivage, tandis que ses frères, marchant doucement sur les bords, attendaient que leur aîné leur signalât les endroits marécageux pour les marquer avec les cannes de bambou dont ils étaient munis. Fritz n'était pas d'humeur à se contenter de faire tranquillement le tour du lac sans tenter quelques captures, et, tout en explorant ses eaux, il avait été assez heureux pour s'emparer, sans les blesser, de trois jeunes cygnes noirs. C'étaient des volatiles de la plus belle espèce, et ils avaient le bec rouge. Il les destinait à l'ornement de la baie de la Délivrance. Il avait eu plus de peine à prendre un superbe héron de l'espèce appelée héron royal. Le capitaine du kaïak, pour prendre l'oiseau, lui avait jeter un lacet; il avait dû échouer son embarcation pour aller dégager le noble animal qui s'étranglait dans la lutte.

En emmenant les cygnes à la métairie de Waldeck, les deux enfants entendirent voler au-dessus d'eux une nuée de grues, et leur lancèrent quelques flèches. Cinq grues tombèrent, dont deux « demoiselles de Numidie ».

Il y avait de quoi stimuler l'amour-propre de Fritz. Tout confus de se voir dépassé par ses frères, il prit son aigle, appela ses chiens, et se glissa vers le petit bois de goyaviers pour y chercher une revanche. Il s'y trouvait depuis près d'un quart d'heure, quand ses chiens firent partir une volée d'oiseaux dont le plumage paraissait magnifique et qui se dispersèrent aussitôt parmi les arbres. Fritz lança son aigle à la poursuite des oiseaux, l'aigle en abattit un.

Quelle revanche lorsque, venant trouver ses frères à l'heure du dîner, il parut devant eux portant un magnifique oiseau de paradis!

Le récit de leurs exploits égaya le repas. C'était un repas simple, mais succulent, qui se composait de jambon de pécari, de pommes

DEMOISELLE DE NUMIDIE.

de terre cuites sous la cendre et de goyaves. Le pemmikan, n'ayant pas eu de succès, fut abandonné aux chiens, qui s'en régalèrent.

Les enfants avaient employé leur soirée à faire des provisions de riz et de coton qu'ils comptaient emmagasiner le lendemain à Prospect Hill.

Après avoir abattu deux magnifiques palmiers dans l'intention d'en extraire le suc, et remplacé ces grands arbres par des plantations de noix de coco, ils partirent à la première heure et se rendirent immédiatement à l'endroit désigné.

Sur le point d'arriver, et comme ils traversaient le petit bois d'arbres verts qui conduisait à la maisonnette, une grêle de pommes de pin vint fondre sur les voyageurs. Les agresseurs étaient des singes; ils étaient si nombreux qu'il fallut leur faire une guerre en règle.

Quatre ou cinq d'entre eux ayant été atteints, une panique s'empara du reste de la bande, qui se sauva prestement et disparut en un clin d'œil. Ils firent bien de disparaître, car quel eût été leur sort, si les maîtres de Prospect Hill avaient découvert plus tôt les méfaits dont les vilaines bêtes s'étaient rendues coupables! Ici les dégâts étaient encore plus considérables qu'à Waldeck. Les abominables singes avaient tout pillé, souillé, dévasté. Il fallait réparer, balayer, nettoyer de fond en comble, afin de rendre la ferme, je ne dirai pas habitable, mais en état de recevoir et les sacs de coton, et les peaux d'ours, et quelques autres denrées, parmi lesquelles il faut citer plusieurs fioles et une drogue purgative dont le lecteur ne tardera point à connaître l'usage.

De fait, nos trois amis songeaient à faire goûter de leur cuisine aux singes, et aussitôt que les jeunes gens eurent achevé leur propre repas ils s'occupèrent de celui qu'ils destinaient à leurs incommodes voisins. Toute une vaisselle de rebut, courges et noix de coco, fut sacrifiée à ce dessein perfide et remplie d'un mélange appétissant sans doute à la vue et au goût, mais doué d'une vertu apéritive dont les effets ne devaient point tarder à se produire. Après avoir adroitement suspendu leur vaisselle entre les branches des arbres, les frères se couchèrent. Ils étaient sûrs d'avance de l'effet de la médication, mais ils furent fort incommodés par des cris de bêtes fauves, et aussi par l'irruption des singes qui flairaient un festin de premier ordre, et témoignaient bruyamment leur joie. Il n'est pas nécessaire de s'appesantir sur la conclusion burlesque de l'épisode. Disons seulement que le spectacle qui s'offrit, dès le lendemain matin, aux yeux de nos jeunes amis, leur prouva qu'Ernest, auquel on avait confié la préparation de la drogue purgative, s'était distingué comme pharmacien, et pouvait se considérer comme l'heureux auteur de l'expulsion définitive des singes. Car il n'était pas probable qu'après une réception pareille ils fussent jamais tentés de renouveler leur visite.

CHAPITRE XXVIII

A Felsenheim, on attendait de jour en jour le retour des absents, quand un troisième billet, dont le contenu était fort inquiétant, provoqua immédiatement le départ du père.

« Le défilé, disait ce billet, était forcé. Jusqu'à Zuckertop, tout était ravagé. Les cannes à sucre gisaient à terre, arrachées et écrasées; et l'on ne savait à quel animal attribuer l'empreinte monstrueuse des pas qui couvraient le sol. »

Le père ne perdit pas un instant; il monta immédiatement sur l'onagre, ayant recommandé à sa femme de prendre la voiture des bagages pour se rendre le lendemain au défilé avec Ernest, il s'empressa d'aller rejoindre ses fils.

Ceux-ci ne pouvaient en croire leurs yeux, lorsqu'ils virent arriver leur père. L'inquiétude donne des ailes. Le pauvre M. Arnold avait trouvé moyen de faire en trois heures de temps un chemin qui en exige ordinairement le double. Ses enfants étaient sains et saufs. C'était là sa seule consolation. Mais que de travail, de temps, de peines perdus! Les poutres qui servaient de clôture au défilé étaient couchées à terre, hachées comme des brins de paille. Dans le champ de bambous, les jeunes roseaux étaient brisés ou dévorés.

La plantation tout entière des cannes à sucre était détruite. De grands arbres, dont on avait voulu se servir pour construire une sorte d'ermitage, étaient effeuillés, arrachés, jusqu'à une certaine hauteur, et la hutte à fumer, renversée sur le sol témoignait elle-même de l'acharnement des pillards.

Qui étaient-ils, et d'où venaient-ils? Sans doute, des traces de pas de formes et de grandeurs différentes étaient visibles sur certains points, par exemple du côté de l'embouchure du fleuve Oriental, mais la plupart de ces traces, dont quelques-unes pouvaient provenir de pieds d'hippopotame, d'autres de pieds d'hyène, se dirigeaient vers la côte, sans revenir vers l'endroit ravagé.

La tente fut dressée, on alluma de grands feux destinés à tenir l'ennemi à distance, et tandis que, l'oreille au guet, le fusil entre les jambes, Fritz et son père s'entretenaient ensemble des événements de la journée, Jack et Franz reçurent la permission de dormir.

Il n'y eut aucune alerte.

Le lendemain, Ernest et sa mère arrivèrent avec la charrette; tout étant à réparer, c'est-à-dire à refaire, il fallut veiller aux préparatifs nécessaires pour un séjour prolongé. Les travaux étaient considérables. Les fortifications refaites, travail qui n'exigea pas moins d'une semaine de travail, M. Arnold s'occupa de la construction d'un pavillon d'été bien aménagé et pouvant par conséquent fournir un pied-à-terre commode pendant les excursions que nécessitait la surveillance de cette partie de la colonie.

La nouvelle habitation, qui présentait un aspect pittoresque, fut construite sur le modèle de celles qu'on trouve au Kamtchatka. Ce pavillon avait pour charpente quatre beaux arbres, réunis, à une hauteur de vingt pieds, par un fort plancher. Le toit en chaume reçut une poignée de semences qui, une fois écloses, lui donnaient l'apparence d'une jardinière aérienne. Enfin, on construisit un escalier solide, qui pouvait se relever à travers les boiseries du plancher.

La cabane était vraiment jolie, car nos architectes devenaient de plus en plus habiles; cette cabane servait à la fois d'observatoire, de chambre à coucher et de basse-cour. On l'appela l'*Ermitage*.

Tandis que le père travaillait à la maisonnette et que la maman lavait, cousait, ou faisait la cuisine, les jeunes gens allaient en excursion et s'efforçaient de rapporter quelque chose de nouveau pour le souper. Un jour, Fritz croyant avoir trouvé des cornichons et des concombres, avait rapporté un fruit de cacaoyer et un fruit de bananier. L'un et l'autre parurent mauvais, et, comme on s'étonnait de ce que ces fruits fussent recherchés dans les Indes, où ils servent de base à la préparation de certains mets, on se rappela avoir lu quelque part que, pour être savoureux, ils ne doivent pas être complètement mûrs. Pareillement, pour que les fèves de cacao puissent germer, il faut avoir soin de les enfouir encore humides, aussitôt après les avoir tirées du fruit.

CABANE DE L'HERMITAGE.

L'idée de cultiver sur son domaine du cacao et des bananes plaisait à madame Arnold, si bien que Fritz, qui savait où se les procurer, fut chargé d'aller recueillir des semences et des boutures. Il devait s'acquitter de cette commission la veille du départ, en même temps qu'il s'efforcerait de contenter son père, qui l'avait prié de rapporter de cette dernière course une grande variété d'objets appartenant tant au règne minéral qu'au règne végétal.

Cette fois encore le kaïak rendit de grands services. Fritz, qui voulait, pour cette expédition, remonter en partie le fleuve Oriental, prit avec lui, outre le kaïak, une sorte de radeau californien, très léger, sur lequel il comptait charger son butin et le ramener à bon port.

Le soir, tout le monde attendit impatiemment le retour de Fritz et celui de sa petite flottille. C'était à qui l'aiderait à décharger son radeau. Le jeune homme n'avait point perdu sa journée. Après avoir confié une partie de ses richesses à Franz et à Ernest, il remit à Jack un grand sac humide d'où l'on entendait sortir des bruits singuliers. Jack, pressé de connaître le contenu du sac, alla se cacher derrière un buisson pour l'entr'ouvrir. Trouvant probablement le contenu à gré, il fit un bond joyeux et alla remercier son frère. Le sac à demi plongé dans l'eau et caché dans un endroit écarté, Jack revint vers Fritz, et l'aida à emporter un grand oiseau auquel le jeune homme avait lié les pattes et les ailes et qui appartenait à l'espèce connue sous le nom de « poule sultane ».

On écouta avec beaucoup d'intérêt le récit de son petit voyage. La contrée qu'il avait aperçue sur la rive opposée en remontant le fleuve était aussi fertile que pittoresque. D'épaisses et magnifiques forêts s'étendaient depuis le rivage jusqu'au sommet des montagnes, et ces forêts étaient peuplées d'un monde d'oiseaux au plumage varié et au babil étourdissant. C'est là qu'ayant jeté son lacet au hasard dans un groupe formé de paons, de poules d'Inde, de pintades, il avait pris la poule sultane. Plus haut, au delà du marais des Buffles, sous les élégants ombrages d'un bois de mimosas, il avait aperçu des bandes d'éléphants qui se promenaient d'un air recueilli, fort indifférents à l'aspect du kaïak, et n'interrompant leur lente et lourde promenade que pour lever leurs trompes vers la fine verdure dont ils étaient friands et en engloutir des paquets formidables. Comme contraste à ce paysage absolument indien, Fritz avait vu, se désaltérant dans une des anses du fleuve, un groupe de panthères dont la magnifique fourrure zébrée donnait au paysage une couleur tout africaine. L'aspect de ces bêtes superbes avait réveillé chez lui les goûts et les instincts du chasseur. A un certain moment, il avait été tenté de tirer dans le tas; mais la crainte de s'exposer inutilement l'avait retenu, et il ne songeait plus qu'au bonheur de se reposer bientôt parmi les siens d'une journée de fatigue, quand une émotion nouvelle le poussa encore à presser son retour. Une tête énorme, d'un brun rouge, avait tout à coup surgi dans l'eau à quelques pas de

POULE SULTANE.

lui, et, la machoire se dilatant comme dans un bâillement, les yeux de Fritz avaient plongé dans une sorte de gouffre sanglant où des dents pointues et longues s'enfonçaient comme des pieux dans la chair. Fritz n'éprouva pas le besoin d'en voir davantage. En quatre coups de rame, il était hors de portée du monstre, et, après avoir repris son radeau qu'il avait laissé dans une petite anse afin d'être moins gêné dans ses mouvements, il s'empressa de redescendre le fleuve et de rentrer en toute hâte.

Si le récit du jeune navigateur était intéressant, il donnait aussi beaucoup à réfléchir. Évidemment, l'île n'était pas simplement peuplée d'animaux inoffensifs, et il fallait redoubler de précautions, pour mettre les personnes et les domaines à l'abri des bêtes féroces.

A part les craintes qu'elle pouvait laisser dans l'esprit de nos colons, l'expédition de Fritz avait été heureuse autant qu'instructive, et permettait de se former une idée exacte de l'ensemble de l'île. Il fut convenu que l'on s'efforcerait d'étendre encore ces connaissances par un nouveau voyage; Fritz désirait revenir par eau à la maison d'hiver. Monté sur son kaïak, il voulait descendre le fleuve, doubler le cap de l'Espoir trompé et examiner avec soin toute cette partie de la côte.

Tandis que les autres achevaient d'emballer et de ranger, Jack, monté sur son autruche, précédait la famille afin de s'assurer si le chemin était libre. Le pont-levis fut abaissé par ses soins et l'on reconnut avec plaisir que le logis était resté intact. Fritz joignit les siens deux heures avant le coucher du soleil, au moment où ils achevaient d'installer leurs nouveaux pensionnaires ailés. Ces pensionnaires, M. Arnold les trouvait un peu trop nombreux, par crainte des déprédations qu'ils pouvaient commettre. Aussi l'on s'empressa de les diriger vers les petites îles voisines, ou vers les autres territoires maritimes. La mare aux Oies, où l'on voyait nager les cygnes noirs et se promener le héron royal et la demoiselle de Numidie, si divertissante par ses airs de grande coquette, avait tout à fait pris l'aspect d'un étang dans une propriété princière. Au contraire les abords de la grotte où s'ébattaient de vieilles outardes, commensales familières qui venaient manger dans la main des maîtres, avaient gardé leur physionomie agreste et rustique.

Le souper était terminé, et la soirée s'achevait gaiement sur le seuil de la grotte, quand un rugissement terrible, semblable au roulement du tonnerre, se fit entendre du côté de la mare aux Oies. Les chiens s'élancèrent vers l'ennemi invisible, avec un affreux vacarme. M. Arnold sauta sur son fusil, tandis qu'Ernest et le petit Franz, très effrayés l'un et l'autre, semblaient hésiter sur le parti à prendre. Fritz seul ne paraissait nullement ému. A le voir rester calme, même souriant, au milieu de l'alerte générale, M. Arnold devina qu'il devait y avoir là-dessous un petit mystère. « Ne nous effrayons pas trop, dit-il en riant.

— Sans doute, repartit Fritz. Il ne s'agit peut-être que d'une sérénade, organisée par Jack avec l'aide de sa grenouille géante.

— Voyez-vous le petit monstre! répliqua M. Arnold. C'est donc pour cela que tout à l'heure je l'ai vu se sauver avec le grand sac que je t'ai vu lui remettre. Il a voulu se moquer de nous, eh bien! rendons-lui la pareille. Cela lui ôtera l'envie de recommencer. »

Chacun joua parfaitement son rôle dans la petite comédie qu'on venait d'improviser sur l'ordre du père. On simula une alerte, des mouvements de terreur, si bien que Jack, qui trouva tout le monde consterné à son retour, se dit que sa plaisanterie avait parfaitement réussi, et prit un air innocent pour demander quel était le sujet de cette frayeur. Ne pouvant obtenir aucun signe d'intelligence de Fritz, qu'il croyait son complice et qui paraissait tout aussi effrayé que les autres, il se troubla lui-même et renouvela sa question d'un ton infiniment moins calme.

Fritz feignit d'avoir à moitié perdu l'usage de la parole. « Là, dans le fourré, fit-il, un monstrueux couguar. Il vient de passer près de nous en rugissant... »

Fritz allait céder à un accès de fou rire. M. Arnold vint à son aide.

« Oui, dit-il. Un couguar, c'est-à-dire un tigre d'Amérique et de l'espèce la plus féroce. L'animal est sanguinaire, mais sa peau d'une seule couleur est superbe. Il a..

— Des dents que je ne tiens pas à sentir s'enfoncer dans ma peau, » s'écria Jack, qui se sauva à toutes jambes et disparut dans la maison.

Toute la famille riait à gorge déployée, quand Jack, son fusil à la main, reparut, pâle d'émotion, à l'une des fenêtres de la galerie du belvédère. Il n'avait pas encore compris, quand son père jugea à propos de terminer la plaisanterie.

« A farceur, farceur et demi! » lui cria-t-il.

CHAPITRE XXIX

Dix ans s'étaient écoulés depuis le jour du naufrage, dix ans pendant lesquels la petite colonie n'avait pas cessé de prospérer et d'étendre ses possessions. Ces dix années avaient été bien remplies, mais il serait impossible d'en faire l'histoire sans recommencer à peu près le récit qui précède. Sans doute cette histoire s'enrichissait de péripéties nouvelles, sans doute il y avait des événements heureux, de grands perfectionnements à enregistrer ; les déceptions, les inquiétudes n'y manquaient pas non plus, et ces inquiétudes, encore accrues par l'isolement où l'on vivait par rapport au reste du genre humain, amenaient des moments d'amertume, et même des angoisses. Certes, dans cette île enchantée où nos colons trouvaient une profusion inouïe de richesses et de merveilles, le présent ne laissait rien à désirer. Mais aussi quelle perspective pour le dernier survivant, si l'on devait continuer à rester séparé du reste du monde !

Quelle perspective, si tant de courage, de peines, d'énergie, ne devait aboutir qu'à un bien-être passager, ne produire qu'une éclaircie pendant la tempête destinée à tout engloutir ! L'abandon, l'isolement final ! Leur pensée hésitait à s'arrêter sur cette image affreuse, et si, par hasard, on se laissait entraîner à s'y appesantir, c'était pour se demander si tout n'eût pas été préférable à ce sursis cruel, et s'il n'aurait pas mieux valu mourir avec le reste de l'équipage ! Hélas ! comment se mettre à l'abri de ces découragements intérieurs, de ces désespoirs muets, sans la confiance de Dieu, qui ressemble tant à la confiance en soi-même, non pas sans doute au genre de confiance suscité par l'orgueil, mais au sentiment de quiétude légitime qui le plus souvent accompagne l'accomplissement du devoir, et nous fait supposer que le succès vient généralement récompenser les efforts de l'homme laborieux et honnête?

C'est cet ordre d'idées que le père s'efforçait de développer chez les siens les jours où il voyait faiblir leur courage sous l'envahissement des idées noires. Les succès passés lui semblaient une garantie pour l'avenir ; il disait que le doute qui nous amène à nous défier de nous-mêmes provoque aussi une défaillance de forces physiques ; pour se conserver vaillant, il faut faire des efforts...

La vie bien équilibrée que nos émigrés menaient dans l'île, la juste proportion que les soins d'un père intelligent et tendre faisaient régner entre l'emploi des forces physiques et celui des forces intellectuelles, l'inépuisable bonté d'une mère infatigable quand il s'agissait du bien-être des siens, enfin la possibilité de s'instruire unie à toutes les autres ressources que la nature peut mettre à la disposition de personnes faisant forcément le métier d'explorateurs, tout cela n'avait pas manqué de transformer en jeunes gens distingués et laborieux les enfants courageux et soumis que nous nous sommes plu à présenter au lecteur.

Au moment où nous croyons devoir reprendre la marche d'une histoire longtemps interrompue par la monotonie des événements, Fritz, âgé de vingt-quatre ans, venait d'être émancipé par son père. Si petit qu'il soit, nul pays, s'il a la prétention de prendre rang parmi ceux avec qui l'on compte, ne peut se passer de lois, ni par conséquent de gouvernement. Ce père, gouverneur naturel d'une île déserte, y remplissait les fonctions d'un magistrat, et donnait un excellent exemple à ses enfants en continuant parmi les siens les errements des pays civilisés. Ce ne fut pas sans une certaine solennité, ni surtout sans une grande émotion, que M. Arnold annonça à sa famille assemblée la décision qu'il venait de prendre.

« Il n'avait pas besoin, disait-il, de s'étendre sur la signification de cet acte, et ce n'était point à Fritz qu'il fallait apprendre que la reconnaissance envers ceux qui, depuis notre naissance, n'avaient jamais cessé de nous environner de leur protection était le premier des devoirs. Il allait de soi que les liens devaient subsister comme avant ; il était toujours bon d'avoir recours aux conseils des personnes plus âgées : seulement, il y avait un moment où l'enfant, devenu homme à son tour, devait être affranchi de la tutelle qui jusque-là s'imposait à sa jeunesse. Sans doute ses parents restaient ses meilleurs amis, ses conseillers naturels, mais il devait apprendre à se

LES MÉTAIRIES, LES PAVILLONS S'ÉLEVAIENT AU MILIEU D'UNE SORTE DE PARC.

guider lui-même, à agir par l'impulsion de sa propre volonté. Fritz en était arrivé à ce moment solennel où l'homme ne relève plus que de lui-même, et, partant, est appelé à endosser la responsabilité de ses actes. Tout homme est sujet à l'erreur, et, du moment qu'il est de bonne foi, il est excusable de se tromper : mais il ne l'est pas quand il compose avec sa conscience et se crée une morale arbitraire pour la mettre à la place de celle dont les principes ne sauraient varier, et forment la base du sentiment de la justice. »

M. Arnold jugeait avec raison que l'émancipation de l'enfant devenu homme est un acte des plus sérieux ; que, par conséquent, l'autorité paternelle devait se manifester une dernière fois en cette circonstance, donnant ainsi à l'acte dont il s'agit l'importance qu'il mérite.

La mère, les autres enfants n'avaient point assisté sans émotion à cette scène. Ces enfants étaient, comme leur aîné, devenus de beaux et bons jeunes gens. Ils s'aimaient tendrement, d'une affection à la fois enfantine et virile, travaillant comme des hommes, jouant comme des enfants, faisant sous les ordres et la direction de leur père plus de besogne que celui-ci n'en aurait pu attendre de la part de cent ouvriers européens choisis parmi les plus expérimentés et les plus habiles.

Sous ces mains laborieuses, la petite colonie avait pris, en moins de dix années, l'aspect d'un paradis terrestre. Les métairies, les pavillons d'été, les kiosques, avant tout la maison du figuier, s'élevaient reconstruits et embellis au milieu d'une sorte de parc, admirablement planté, coupé par de magnifiques avenues d'arbres, rafraîchi par des eaux vives où l'on voyait nager et s'abattre des bandes d'oiseaux rares. Les rosiers de Bengale, les jasmins de Virginie tressaient leurs guirlandes sur les découpures des balcons, comme sur le toit à jour des tonnelles rustiques où l'on allait chercher un abri contre la chaleur. Le troupeau des animaux domestiques s'était accru. On les attelait aujourd'hui, non plus comme autrefois, à des chars d'apparence informe, mais à de bonnes voitures commodes dont quelques-unes avaient des coussins rembourrés. Les récoltes devenaient de plus en plus belles, et cent familles eussent pu vivre à l'aise sur les provisions de blé et de fruits, de salaisons et de légumes qui remplissaient les greniers et mettaient les tristes naufragés d'il y a dix ans au rang des plus riches fermiers de l'univers.

CHAPITRE XXX

Le pavillon suisse flottait depuis longtemps sur la plate-forme de l'île du Requin, où l'on avait établi un poste protégé par une pièce de quatre. Un jour que Fritz, parti dès le matin dans son kaïak, tardait à rentrer, son père, qui ne pouvait dissimuler ses inquiétudes, proposa d'aller guetter son retour sur le poste avancé dont je parlais tout à l'heure. On attendit longtemps. Le père, de plus en plus inquiet, prit la lunette d'approche, et loin, bien loin, crut apercevoir un point noir, indistinct, qui peu à peu se rapprocha et prit forme.

C'était Fritz, il ramait plus lentement qu'à l'ordinaire. Ernest jugea à propos de saluer d'un coup de canon le retour trop tardif du jeune navigateur. Tous descendirent ensuite sur la berge, et l'on ne tarda pas à s'expliquer la lenteur inusitée de l'allure du kaïak. Un énorme sac à la poupe, un autre sac non moins gros à la proue, une forme vague, mais en apparence volumineuse qui nageait à côté du kaïak suffisaient pour expliquer la marche un peu lente du Groënlandais. Jack en fit la remarque. Quant au père, qui ne songeait guère, pour le moment, qu'au bonheur de revoir le cher absent, il l'embrassa tendrement et lui fit d'affectueux reproches.

« Pourquoi ne pas nous avoir avertis que tu nourrissais de grands projets? » lui demanda-t-il.

Fritz répondit qu'il avait hésité à effrayer inutilement les siens. « N'est-il pas convenu, fit-il gaiement, que je suis le Christophe Colomb de la bande? » Il ajouta qu'en cette qualité il avait voulu faire connaissance avec une partie encore inexplorée de l'île, et que, pour ne point se trouver pris au dépourvu, il avait emporté son aigle, et s'était muni de tous les instruments d'attaque et de défense dont il pouvait disposer. Tout en prenant le chemin du logis avec les siens, il raconta que, voyant ce beau temps, il avait résolu d'en profiter et était parti tout de suite, sans chercher à revoir les siens, qui n'étaient point encore sortis de chez eux ; en ne voyant plus le kaïak, ils s'expliqueraient son absence. Le courant du ruisseau l'avait bientôt porté en mer, tout près de l'endroit où, dix ans auparavant, on avait failli périr, et là grâce à la limpidité parfaite des eaux, il avait pu distinguer une foule d'objets qui y dormaient, enfouis depuis longtemps. On distinguait des canons, de la ferraille, bref, une foule d'objets qui pourraient un jour ou l'autre trouver leur emploi, et qu'il serait, sinon facile, du moins possible de retirer au moyen d'une cloche à plongeur.

Je cède la parole à Fritz, qui continua en ces termes :

« Je me dirige à l'ouest, vers la côte, je double un promontoire formé de rochers entassés ou dispersés, qui servent de repaires à toute une population d'oiseaux aquatiques, et même de monstres marins dont je ne tiens point à cultiver la connaissance. Je sors au plus vite, et non sans peine, du dangereux endroit où j'ai commis l'imprudence de m'engager. J'erre près d'une heure dans un labyrinthe de rochers que je ne saurais comparer qu'à une sorte de cité marine ; et je me trouve tout à coup devant une immense roche percée qui a à la fois la hauteur et l'aspect d'un arc de triomphe. La voûte, formée par l'entassement des rochers, sert de quartier général à des bandes innombrables d'hirondelles de mer. Ces jolis oiseaux, qui sont blancs et noirs, gros comme des roitelets, semblent plus furieux de se voir dérangés dans leur retraite qu'effrayés de ma présence. Ils m'entourent comme un essaim d'abeilles, en poussant de petits cris menaçants ; ils paraissent consternés de me voir résister à leur système d'attaque. Je n'ai qu'à étendre la main pour attraper un de ces petits oiseaux ; je relâche mon prisonnier, mais la troupe se tient pour avertie. Les hirondelles s'en vont donc porter plus loin l'expression de leurs courroux, et j'en profite pour contempler à mon aise le gracieux échafaudage des nids qui servent d'habitation à cette colonie d'hirondelles. Il y en a des millions collés à toutes les saillies de la voûte ; chacun de ces nids, de forme oblongue et semblable à une cuiller sans manche, repose sur un appui adhérent au rocher. J'en ai rapporté quelques-uns, pensant que ce sont là de ces fameux nids de salanganes dont les Chinois sont si friands. Nous verrons bien s'ils méritent leur réputation.

LE PAVILLON SUISSE FLOTTAIT DEPUIS LONGTEMPS DANS L'ILE.

» Sorti de la voûte, je me trouve, comme par enchantement, au milieu d'un paysage d'une beauté incomparable. Je navigue parmi les eaux d'une large baie bordée d'une savane qui s'étend à perte de vue. Ici des échafaudages de rochers, là des bouquets de bois verdoyants forment des groupes pittoresques sur les bords d'une rivière dont les méandres vont se perdre dans les profondeurs d'une forêt de cèdres. Tout près de la côte, l'eau, d'une limpidité extraordinaire,

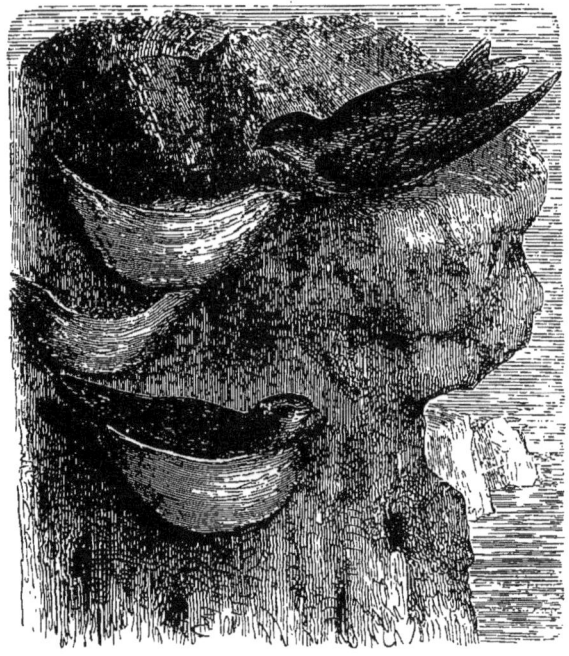

CE SONT LA CES NIDS DONT LES CHINOIS SONT SI FRIANDS.

permet de distinguer de larges couches de coquillages assez semblables à des coquilles d'huîtres. Supposant que ces coquillages, qui sont reliés les uns aux autres par des filaments d'une ténuité extrême, sont bons à manger, j'en détache quelques-uns avec ma gaffe et je jette sur le rivage ceux auxquels je me propose de goûter. Je me sens fatigué; je veux aborder pour me reposer un peu et en même temps pour examiner plus amplement ma dernière trouvaille. Comme comestible, elle ne valait pas le diable. Nos petites huîtres délicates et savoureuses de la baie de la Délivrance sont certainement bien meilleures. Toutefois ce que j'avais vu dans celles-ci me fit supposer qu'elles n'étaient pas sans avoir leur mérite, et vous allez tout à l'heure juger par vous-mêmes s'il faut ou non les jeter. »

Tout en parlant ainsi, Fritz avait défait le sac qui contenait les huîtres, et, de la pointe de son couteau, il ouvrit l'une des plus belles. Trois pois nacrés, d'une blancheur éblouissante, reposaient au fond de la coquille comme sur le velours d'un écrin royal. Il y eut un cri d'admiration générale. C'était à qui s'extasierait davantage sur la finesse, sur l'incomparable pureté de ces précieux joyaux.

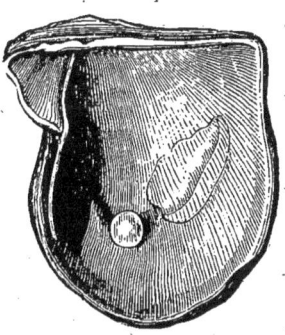

HUITRE PERLIÈRE.

Le père, tout en s'associant à ces exclamations, crut cependant devoir ramener les esprits au sentiment de la vie positive.

« Allons, dit-il, Fritz fait bien ses affaires. Le voilà à la tête d'un banc d'huîtres perlières. Fritz est tout simplement un nabab. Une pareille découverte lui vaudrait des millions, si nous étions en Europe, ou seulement en train d'en retrouver le chemin. Mais jusqu'ici, hélas ! la perle ne peut trouver son emploi que dans notre musée, à titre de curiosité maritime. Néanmoins, je crois qu'il ne faut pas pour cela négliger l'exploitation du trésor que Fritz vient de découvrir ; ce sera peut-être la base de votre fortune à tous. »

CHAPITRE XXXI

Il est certain que, dans la situation actuelle de nos colons, la découverte du banc d'huîtres ne constituait pour eux qu'une non-valeur. Mais ne fallait-il pas prévoir l'avenir et par conséquent tirer le meilleur parti possible d'un trésor qui pouvait devenir la source d'une fortune colossale?

Les voyageurs, qui avaient emmené avec eux leurs gardes du corps ordinaires, c'est-à-dire l'aigle, un singe de la dynastie de Knips Ier, le chacal de Jack et plusieurs chiens, s'aventuraient résolument, guidés par le kaïak, à travers les écueils de la route maritime que Fritz avait suivie pour parvenir aux nids d'hirondelles. Les magnifiques paysages que le frère avait décrits parurent encore supérieurs à ce qu'on avait imaginé. Tout d'abord ils furent émerveillés par l'aspect de cette arche qui s'élevait au milieu de la mer, et servait pour ainsi dire de porte d'entrée à des contrées d'une richesse et d'une beauté fabuleuses.

Après une halte assez longue sous l'arche, pendant laquelle on fit une ample provision de nids d'hirondelles, on traversa heureusement le dangereux défilé dont la marée montante facilitait cette fois le passage. Nos voyageurs se trouvèrent transportés comme par enchantement dans une baie magnifique. Cette baie, qui pouvait bien avoir sept ou huit lieues de circuit, était parsemée çà et là de petites îles verdoyantes. Grâce à sa ceinture d'écueils qui la garantissait de l'impétuosité des vagues, cette baie s'adaptait merveilleusement à la disposition d'un port.

Une crique assez spacieuse et fort rapprochée du banc d'huîtres perlières parut un lieu de débarquement commode; seulement on se sentait trop fatigué pour entreprendre tout de suite une nouvelle course. D'ailleurs le jour baissait et les estomacs demandaient à réparer un jeûne prolongé. On se contenta d'allumer les feux de sûreté, puis on soupa et on regagna la pirogue pour y passer la nuit. De la grève, où on les avait laissés, les chiens veillaient sur le sommeil de leurs maîtres et gardaient la petite flottille.

On s'embarqua sur la pirogue, qui n'avait pas servi depuis longtemps. Arrivée à la hauteur de la baie, un vent de terre assez vif la poussa en pleine mer avec une rapidité extrême, et le bâtiment, que son pilote s'efforçait vainement de maîtriser, alla donner contre un bloc qui flottait sur les eaux, sans qu'on en pût discerner la forme, et qui imprima une forte secousse au petit navire. Tous les passagers, qui étaient debout sur le pont, tombèrent à la renverse. A peine furent-ils relevés, qu'ils virent la masse flottante se soulever bruyamment, lancer dans l'air deux immenses gerbes d'eau, puis plonger et disparaître sous la vague écumante. Le bâtiment venait de heurter un de ces monstres marins qu'on nomme « cachalots ». Celui-ci étant de taille à briser le navire, le capitaine, fort peu rassuré, ordonna de tenir les canons prêts à faire feu. Dès qu'on vit reparaître le gigantesque cétacé, Ernest pointa le mieux qu'il put une des pièces, Jack y mit le feu et le jeune artilleur visa si juste que l'on vit l'eau presque aussitôt se colorer de rouge. Le monstre n'était que blessé; peu après il se montra de nouveau; mais un second boulet, qui l'atteignit à la tête, suffit pour l'achever. Il se débattit pendant quelques instants encore, puis, perdant ses forces, alla s'échouer contre l'un des écueils qui se trouvaient à l'entrée de la baie.

CHAPITRE XXXI

Nul incident nouveau ne se produisit dans le cours de l'année qui suivit. Les travaux reprirent leur marche accoutumée, variant selon le retour des saisons, qui ramenaient de mois en mois les mêmes soucis, les mêmes occupations, mais aussi les mêmes satisfactions puissantes, les mêmes plaisirs. La vie de nos colons n'avait guère changé.

Une fois encore la mauvaise saison venait de finir, quand deux coups de canon, tirés du haut du petit fort construit sur la plateforme de l'île du Requin, obtinrent enfin une réponse. — « Des hommes ! » — On allait, après douze ans d'isolement, revoir des visages humains, recevoir des nouvelles de cette vieille Europe à laquelle on n'avait jamais cessé de se sentir attaché par tous les liens que le souvenir crée et resserre !

Terminons en quelques lignes le long récit par lequel nous avons essayé de montrer quelle prise l'homme a sur l'adversité quand les circonstances secondent son courage.

Le bâtiment, qu'une tempête avait jeté dans des parages où le capitaine n'avait certainement cru rencontrer que des sauvages, appartenait à la marine anglaise. Il venait d'Angleterre, ayant parmi ses passagers une famille anglaise, celle d'un constructeur de navires qui s'appelait M. Wolton et qui possédait deux filles charmantes. On imagine la surprise, la stupéfaction des nouveaux venus, quand, sur la prière de M. Arnold, ceux-ci quittèrent la pinasse dans laquelle on était allé à leur rencontre, pour débarquer dans une île où les merveilles créées par le travail venaient encore rehausser l'aspect féerique des plus beaux paysages. M. Wolton, qui depuis longtemps se sentait souffrant et craignait les brouillards de l'Angleterre, déclara tout de suite qu'il resterait volontiers dans l'île, si toutefois ses habitants voulaient l'y recevoir, lui, sa femme et ses deux filles. Cette proposition fut accueillie avec bonheur et le soir même, pendant un excellent souper, on portait à l'unanimité des toasts à l'avenir de la jolie colonie que ses premiers habitants voulurent appeler la *Nouvelle Suisse*.

Fritz, qui a fait un voyage en Europe, s'y est marié avec une jeune Anglaise qu'il ramène avec lui. Ernest et Jack ont épousé les deux aimables filles de M. Wolton, qui lui-même est devenu l'un des personnages importants de la colonie, et y représente l'Angleterre à titre de consul.

Jack a embrassé la profession de constructeur de navires, et il se trouve à la tête d'un établissement considérable, organisé sous la surveillance de son beau-père.

Ernest est devenu un vrai savant. Il a enrichi de ses envois les muséums de Londres, de France et de Hollande, et son nom est bien connu de l'Europe savante.

N'achevons pas sans parler du petit Franz, qui s'est enrichi dans la profession d'armateur, ni des époux Arnold, dont la vieillesse est respectée et heureuse : juste récompense d'une vie de dévouement et de travail. De leurs quatre fils, Franz est le seul qui ne se soit jamais décidé à se marier. Il prétend que sa vraie vocation est d'être, non pas mari, mais oncle, et tient à justifier cette opinion par les gâteries dont il comble le petit peuple de neveux et de nièces qui grandit autour de lui et représente l'avenir de la famille.

Cinq années se sont écoulées depuis les derniers événements. Les matelots du navire anglais, à leur retour en Europe, avaient répandu dans tous les pays l'histoire de la famille suisse. A force d'avoir été répétée, cette histoire avait tourné au merveilleux. On racontait des aventures incroyables et surtout l'on parlait de richesses incommensurables. En peu de temps, ces fables produisirent l'effet qu'on en devait attendre. La curiosité, et aussi l'amour de l'argent, établirent vers la *Nouvelle Suisse* un véritable courant d'émigration. Les premiers colons, ne voulant pas convenir qu'ils avaient été attrapés, ou peut-être poussés par le désir d'attraper les autres, ne firent rien pour rétablir la vérité. Mais, après tout, ni les uns ni les autres n'eurent à se repentir d'avoir fait le voyage; s'ils ne mirent pas la main sur les richesses fantastiques qu'ils avaient rêvées, ils trouvèrent un

DES HOMMES.

sol riche et fécond, et comme ils ne manquaient ni d'énergie, ni d'initiative, ils eurent bientôt en abondance tout ce qui est nécessaire à la vie, et ce nécessaire était presque du superflu pour des gens qui avaient connu la misère.

Au bout d'un certain temps toutes les erreurs répandues par l'ignorance et l'intérêt se dissipèrent; on connut alors le véritable état des choses. La population s'accrut rapidement. A l'heure qu'il est, la *Nouvelle Suisse* compte plus de deux mille habitants.

FIN

TABLE DES GRAVURES

	Pages.
C'était à qui se sauverait le premier	2
Le navire errait, ballotté par les lames furieuses	7
Aspect de la côte	10
Agouti	12
Ce fut un bon moment quand le feu sortit en pétillant	13
Ils atteignirent un petit bois plein de fraîcheur et d'ombre	19
De ce promontoire l'œil embrassait une vue admirable	23
Le singe de Fritz	25
Pingouin	26
Le repas fut interrompu par l'arrivée d'une troupe de singes	27
Le père et le fils eurent hâte de quitter l'endroit où ils avaient failli périr	31
L'arbre gigantesque	36
Le léopard semblait friand de chair humaine	38
Le requin	40
Le pont	41
Porc-épic	47
Tout était ombre, fraîcheur et verdure	49
Une nuée de flamants sortit du buisson	53
On brûla l'herbe dans un circuit de 500 mètres	55
Le serpent s'efforçait d'étouffer son terrible adversaire	61
La laie reparut avec toute sa bande	66
Ce jour-là nos amis restèrent longtemps à table	67
Ananas	70

TABLE DES GRAVURES.

	Pages.
Tortue de mer	76
Racine de manioc	77
Le bois de cocotiers	91
Outardes	93
Un lézard gigantesque s'étalait au soleil	96
Ara rouge	100
Ces oiseaux habitent tous ensemble le même nid	101
Explosion du navire	108
Leur présence ne semblait leur inspirer qu'une curiosité assez vive	113
Sagoutier vinifère	119
L'onagre	120
Poule à collet	131
Flamants et leurs nids	133
La grotte	141
Chasse aux tortues sur la plage	145
Esturgeon	148
Ils firent partir deux ou trois kangurous qui ne purent être rejoints	149
Cotonnier	153
La métairie	155
Ornithorynque	159
Au tir à l'arc tous se montrèrent d'une force supérieure	165
Les arbres étaient couverts de pigeons sauvages	169
Les singes étaient les seuls auteurs de ces méfaits	171
M. Arnold disait qu'il fabriquait un instrument de musique	175
Il y eut une succession de tempêtes et d'orages	179
La baleine échouée	183
La tortue se jeta à la mer, entraînant l'embarcation	189
Il se glissa vers la mare où on le vit disparaître	197
Ils découvrirent une nouvelle grotte	209
La victime de Franz	211
Rats musqués	213
Le marais des cannes à sucre	216
Le gibier ne tarda pas à paraître	217
Pour toute végétation il n'y avait que quelques plantes grasses	223
Deux ours, dont l'un était de taille gigantesque	227
Elle avait fait charroyer une charge de cannes de bambou	230
Devant l'entrée de la caverne se promenait un oiseau énorme	231
Le troupeau se précipita vers le défilé	235
Autruche	237
Rameau de poivrier	241
Les antilopes avaient prospéré dans l'île	249
Le cortège était conduit par Jack	255

TABLE DES GRAVURES.

	Pages.
Rameau de cannellier	258
Fritz poussa son canot avec la rapidité d'une flèche	261
Morse ou vache marine	263
La hyène se tourna vers lui	268
Demoiselle de Numidie	271
Cabane de l'ermitage	275
Poule sultane	278
Les métairies, les pavillons s'élevaient au milieu d'une sorte de parc	283
Le pavillon suisse flottait depuis longtemps dans l'île	289
Ce sont là ces nids dont les Chinois sont si friands	291
Huître perlière	292
Des hommes!	297

FIN DE LA TABLE DES GRAVURES

Coulommiers. — Imp. PAUL BRODARD. — 182-95.

www.ingramcontent.com/pod-product-compliance
Lightning Source LLC
Chambersburg PA
CBHW071535160426
43196CB00010B/1777